中国共产党诞生地
出版工程

龙华二十四烈士
画传补编

龙华英烈画传系列丛书

中共上海市委党史研究室

龙华烈士纪念馆 编 本书编写组 著

上海人民出版社

龙华英烈画传系列丛书编委会

出版说明

　　"一个有希望的民族不能没有英雄，一个有前途的国家不能没有先锋。"习近平总书记强调，我们缅怀革命先烈，为的是继承他们的遗志，发扬他们的精神，不忘初心，牢记使命，在他们用生命和鲜血开辟的道路上不懈奋斗、永远奋斗。为弘扬伟大建党精神、用好英烈红色资源，优化英模人物宣传学习机制，推动全社会崇尚英雄、缅怀先烈、争做先锋，从中汲取奋进中国式现代化的强大精神力量，由中共上海市委宣传部组织，中共上海市委党史研究室、龙华烈士纪念馆编写"龙华英烈画传系列丛书"，致敬为真理上下求索、为信仰奋斗牺牲的革命先驱们。

　　上海市龙华烈士陵园（龙华烈士纪念馆）是党的创建和大革命时期、土地革命战争时期著名英烈人物最为集中的纪念地，是记录中华民族近现代英雄史诗的丰碑，也是上海建设社会主义现代化国际大都市的红色文化根脉。在新中国成立前，中国共产党产生了 171 位中央委员，其中有 42 人牺牲，在龙华牺牲了 7 位，占六分之一；首届中共中央监察委委员 10 人中有 8 人牺牲，在龙华牺牲了 4 位，占二分之一；其他曾在龙华被关押过的革命者更是数以千计。2021年7月，为庆祝中国共产党成立100周年，"龙华英烈画传系列丛书"推出第一辑共11册，讲述了罗亦农、杨殷、彭湃、陈延年、赵世炎、陈乔年、林育南、杨匏安、张佐臣、许白昊、杨培生11位龙华英烈的事迹。2023年10月，推出丛书第二辑5册，讲述了李求实、柔石、胡也频、冯铿、殷夫"左联五烈士"的事迹。2024年，又推出丛书第三辑6册，讲述"龙华二十四烈士"中何孟雄、龙大道、欧阳立安、罗石冰、恽雨棠、李文、彭砚耕、刘争、汤仕佺、汤仕伦、伍仲文、蔡博真、贺治平、费达夫、段楠、王青士、李云卿等17位烈士的事迹。丛书按照烈士生平脉络，选取若干重要历史事件，配以反映历史背景、切合主题内容、延伸相关阅读的丰富历史图片，以图文并茂的方式叙写龙华英烈们在风雨如晦中坚持真理、坚守理想，在筚路蓝缕中践行初心、担当使命，在艰难寻路中不怕牺牲、英勇斗争，在生死考验中对党忠诚、不负人民的崇高精神，彰显了早期中国共产党人把人生价值和理想追求深深植根于谋求民族复兴、人民幸福之中，为革命披肝沥胆、甘洒热血的牺牲与奉献。

丛书所收录的图片和史料多源自各兄弟省市党史研究室、纪念场馆，以及中共上海市委党史研究室、龙华烈士纪念馆等的公开出版物及展陈，或源自英烈后代、专家学者的珍藏。基本采用历史事件发生时期的老照片，但由于年代久远且条件有限，部分无法直接利用的老照片，或进行必要修复，或通过对现存史料进行考证后重新拍摄。

　　丛书反映内容跨度长、涉及面广、信息量大且年代久远，编写人员虽竭尽全力，但不足和疏漏之处在所难免，敬请广大读者批评指正。

目 录

—

编前记   001

王青士画传   001

伍仲文　蔡博真画传   033

段楠画传   061

费达夫画传   075

汤仕佺　汤仕伦画传   095

彭砚耕画传   121

刘争画传   143

贺治平画传   157

李云卿画传   163

后　记   167

编前记

天地英雄气，千秋尚凛然。中国共产党成立以来，无数中华优秀儿女团结在她的领导下，为国家独立、民族解放，舍生忘死，取义成仁，谱写了一曲曲英雄壮歌。

1927年，大革命失败后，全国革命形势转入低潮。中国共产党及时总结经验教训，开始独立高举革命旗帜，继续进行反帝反封建斗争。这个时期中共中央和中共江苏省委在上海艰难探索，领导了一系列艰苦卓绝的革命斗争，经受了严峻的考验。

1931年初，在共产国际东方部长米夫的主导下，中共六届四中全会召开。王明在会上被补选为中共中央委员、中央政治局委员。中共中央的领导权实际上由得到米夫全力支持的王明所操纵。王明等人照搬共产国际东方部的错误决定，在会上提出要在中国主要城市普遍发动暴动。这项决议立时引起轩然大波，林育南、何孟雄、李求实等人坚决反对这一不切实际的主张，他们强调要根据国情，深入工农群众，坚持长期斗争。

在六届四中全会后，林育南等人在上海汉口路东方旅社和天津路中山旅社秘密聚会。就在此时，党的多个联络处和党内干部的住址被国民党市党部获取，国民党上海市公安局随即请求公共租界工部局共同行动。1931年1月17日至21日的五天中，在东方旅社、中山旅社和华德路小学（位于今长阳路）等十余处地点，有党的重要干部、左联作家和革命群众30多人被逮捕。案件由江苏省高等法院第二分院审理。在法庭上，革命者都用了化名，申明无罪，请了律师辩护。由于敌人已完全掌握了他们的身份，各项申诉都无济于事，他们被当庭宣布引渡到国民党上海市公安局。①

公安局并未经过详细审问，即匆匆地给他们拍了照，让他们按了指印，于1月23日转押到龙华国民党淞沪警备司令部看守所，将他们钉了脚镣手铐，作为重大政治犯关押。1931年2月7

① 关于龙华二十四烈士的讨论在20世纪50年代、70到90年代已十分丰富，近20年又增加了彭砚耕的家谱等零星资料，各地党史部门梳理出版的组织史资料、回忆资料等，为进一步丰富烈士事迹提供了可能性。关于烈士牺牲背景研究的诸多文章中，论争虽多，所引用的材料基本相同。本节所引用和参考的材料，主要来自尤亮：《龙华二十四烈士》，《上海英烈传（第七卷）》，上海翻译出版公司1991年版，第118—126页；孙云媛：《关于1931年2月7日在龙华殉难烈士人数的探讨》，《烈士与纪念馆研究（第一辑）》，上海社会科学院出版社1996年版，第94—107页；《英烈与纪念馆研究——纪念"龙华二十四烈士"殉难90周年专辑》，上海教育出版社2021年版；李海文、佘海宁：《东方旅社事件——记林育南、李求实、何孟雄等二十三烈士的被捕与殉难》，《社会科学战线》1980年第3期；龙华烈士纪念馆馆藏文书资料等。

东方旅社旧照

中山旅社旧址设立的标识牌

在东方旅社和中山旅社被捕的革命者先后被关押到老闸捕房。图为 20 世纪 20 年代的老闸捕房（旧址位于今上海市商贸旅游学校贵州路 101 号校区内）

在华德路被捕的革命者先后被关押到汇山捕房。汇山捕房旧址位于茂海路（今海门路），建筑已不复存在。图为1930年的汇山捕房

江苏省高等法院第二分院旧址（浙江北路191号）

日夜，天黑月暗，寒风刺骨，敌人将林育南、何孟雄、李求实等20多人从牢房中点名提出，一一验明正身，在淞沪警备司令部内小河边荒地上将他们集体枪杀，他们就是"龙华二十四烈士"。烈士的尸体当夜就被敌人扔进一个早已挖好的大坑掩埋起来。

经修复的龙华国民党淞沪警备司令部门楼（今上海市龙华烈士陵园4号门）　经修复的看守所大门

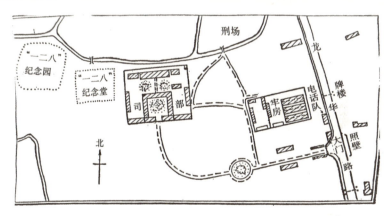

龙华国民党淞沪警备司令部及看守所示意图（出自吴春龙主编《龙华镇志》）

国民党反动派对这次罪恶的大屠杀，封锁消息，秘而不宣。但是，看守所内的中共地下党员很快把革命者誓死捍卫信仰、忠诚于党、悲壮赴死的事迹传了出来。1931年2月12日，烈士牺牲后第五天，中共中央机关报《红旗日报》在"上海消息"一栏内，报道了反动派秘密枪杀革命者的卑劣行径。之后，在鲁迅等人的发声下，这一屠杀事件引发了国内外进步文艺工作者的强烈抗议，使国民党当局甚是吃惊。

1933年烈士牺牲两周年之际，鲁迅为纪念"龙华二十四烈士"中的左联五位作家所写的文稿《为了忘却的记念》

1945 年，中国共产党六届七中全会通过的总结建党以来历史经验教训的文件《关于若干历史问题的决议》，明确指出王明推行的"左"倾错误对中国革命产生了极坏的影响，给我们党和中国革命带来严重的损失。关于"龙华二十四烈士"是这样写的："林育南、李求实、何孟雄等二十几个党的重要干部，他们为党和人民做过很多有益的工作，同群众有很好的关系，并且接着不久就被敌人拘捕，在敌人面前坚强不屈，慷慨就义……所有这些同志的无产阶级英雄气概，乃是永远值得我们纪念的。"

　　新中国成立后，党和政府根据烈士家属和群众提供的线索，经过多方调查，终于在原国民党淞沪警备司令部内刑场的荒地上，找到了当年被深埋在地下的烈士忠骸。据当时记载，完整的尸骸有 18 具，还有头、骨不全的数具。同时挖出的还有锁在烈士身上的镣铐，散落在骸骨旁边的银角子、铜元以及冯铿烈士的一件绒线背心。

　　几十年来，许多老同志和历史研究者纷纷撰文回忆和开展相关研究，"龙华二十四烈士"牺牲真相和英雄事迹史料不断得到丰富和梳理。2021 年起，"龙华英烈画传"系列丛书开始陆续出版。其中，林育南、李求实、柔石、胡也频、殷夫、冯铿、何孟雄、龙大道、欧阳立安、恽雨棠、李文、罗石冰等 12 位烈士的事迹，以单独的传记或合传形式出版；王青士、伍仲文、蔡博

1949 年 11 月 1 日，欧阳立安的母亲陶承在《人民日报》发表《回忆儿子的牺牲》

烈士就义处

龙华烈士纪念馆陈列的以龙华二十四烈士为原型创作的油画——《走向刑场》，作者：王少伦

真、段楠、费达夫、汤仕佺、汤仕伦、彭砚耕、刘争、贺治平、李云卿等烈士，由于发现的资料有限，无法单独成书，故将其事迹合编在本书中。

　　动荡的年代，革命者往往需隐去真实的姓名，隐藏身份和行踪，才能最大程度地保护自己和同伴。但是，他们走过的每一寸土地，都留下了不朽的印记。历史不会忘记，人民不会忘记。希望本书的出版，能够为研究烈士事迹、传承英烈精神发挥作用。本书集众人之力而成，所涉及的历史事件多且复杂，难免疏漏舛误，敬请读者斧正。

本书编写组

王青士画传

WANG QINGSHI

从少年时代被迫开始独立生活，激发了他坚强的意志；从青年时期开始投身反帝爱国运动，坚定了他不移的革命信仰；在白色恐怖的艰难岁月里，他不屈不挠为党的事业倾尽所有。他是王青士，君子如竹，气盖冰霜。

（一）少年失怙　自强不息

王青士，原名王之绾，化名王青石、汪秋实，祖籍安徽霍邱。1907 年 8 月 11 日生于辽宁沈阳。

王青士

王氏家族在霍邱是颇有名望的书香世家。王青士的父亲王人鹏从小接受严格的儒家传统教育，擅诗文，是晚清贡生，与其兄王人凤、其弟王人鹄有"蓼城三杰"之称。王青士的母亲宣宝舟是河南鹿邑县人，家境贫苦，父母饿死于逃荒途中。宣氏与兄嫂流落到安徽霍邱县时，被卖给王家当婢女。她性格泼辣，天资聪慧，识文读书悟性好，被王人鹏相中纳为偏房。

1906年，王人鹏携宣宝舟北上奉天（辽宁）铜元局任职。次年，长子王青士出生，乳名铜生。又过了两年，王人鹏到薪水更

王青士母亲宣宝舟

王青士（中坐者）与父亲（右）、弟弟（怀抱者）的合影

高的铁路局任职，次子王冶秋降生，乳名铁生。1912年，王人鹏携家眷返乡，先后在建德、秋浦（今属安徽省池州市）等地任职。在秋浦时，王人鹏聘请先生教授孩子们经史、英语、美术和时政。公事办完后，他会带着两个儿子到白象山登高，教他们摄影。1919年，王人鹏到来安县（今安徽省滁州市辖县）任县长。上任前，他带领家眷回祖籍小住，这是王青士第一次回到霍邱。不到半年，王人鹏又升任亳州州官。

1921年，王人鹏因过度操劳，突然间中风，溘然长逝。王青士和母亲、弟弟辗转回到霍邱老家。失去父亲的庇护，他们的生活逐渐陷入困顿。母亲在家族中所遭受的欺侮，使王青士感受到

王人鹏坟丘，位于霍邱花墙村

封建家庭的冷漠。同时，母亲的坚强教会了王青士勇敢地与命运抗争。

王青士回乡后，就读于霍邱县高等小学，学校开设修身、国文、算术、图画、史地、英文等课程。当时霍邱全县只有四所小学，没有中学。学生读完高小后，只有少数人到六安、蚌埠、阜阳、固始等地去读中学。受新文化新思潮的影响，王青士十分向往更大的世界。了解儿子的心愿后，宣氏给予了他最大的支持。

1922年夏，王青士带着弟弟王冶秋在城西湖登船，沿淮河经蚌埠乘火车到达南京。王青士报考南京美术专科学校，弟弟报考

宣宝舟与孙子、孙女的合影

少年时期的王青士

该校附中，皆被录取。在南京，他们如饥似渴地阅读《向导》《新青年》等进步书刊，民主、自由、反帝、反封建成为他们的理想。

（二）北上求学 追求民主

1923 年暑假后，王青士带着弟弟王冶秋来到北京求学，在东城贡院附近安顿下来。兄弟两人根据自己的兴趣选择了不同的学校，王青士曾一度到北京大学造型美术研究会（北京大学的一个美术社团组织）旁听。

当时的北大校长是蔡元培，他施行"思想自由，兼容并包"的办学方针，广罗人才，民主办校，北大所有的教学活动都向社会公开。北京大学旁听生章程规定，"旁听生得依其志愿，于各系中选听愿习之功课"，旁听生审查标准上只要"有最小限度之学力"，"经关系学科教员面试认为确有听讲学力"的，均可入学旁听，与正式学生有同样的听课机会。

1919 年《安徽教育月刊》第 21 期刊登了《训令霍邱县知事：第六二〇号》，可知当时霍邱县立高等小学的课程

学生时代的王青士　　　　蔡元培（1868—1940），时任
北京大学校长

　　王青士在这里学习绘画和摄影，名师的课程、热烈的文化氛围，使他大开眼界，也提高了艺术修养，为他以后进行刊物封面和广告设计打下了坚实的基础。后来，王青士听说东总布胡同有一所"俄文法政专门学校"，那里的学生都是对政治比较关心的青年，毕业后有到苏俄深造的机会，于是他考进了这所学校。

　　1899年，清政府为与俄国合办"中东铁路"而设立"东省铁路俄文学堂"，校址位于北京东城东总布胡同，专门培养俄语

公告

造型美術研究會通告

本會現已組織就緒茲定於下星期一（
二十三日）開始研究凡本校同學有志
於美術者均可按照時間自由來會研究
此布

地址　景山東街老紅門內稍十七號

時間　每日下午一時至六時

胡佩衡先生　星期日上午九時至十時　中國畫（山水）

全　　上午　星期六日下午三　同上

到子泉先生　星期三六日下午三　同上
　　　　　　至五時

盛博宜先生　星期四五日下午四　同上（花鳥）
　　　　　　至六時

姚茫父先生　暫未定　同上（山水）

陳師曾先生　同上　同上（花卉）

陳半丁先生　同上　篆刻

沈尹默先生　同上　書法

趙叔平先生　同上　同上

吳　吾先生　星期四下午三　外國畫（水彩）
　　　　　　至五時　　　（油畫）

陳啟民先生　星期二日下午三　同上
　　　　　　至五時

饒裝裳先生　暫未定　同上

附白　書法作品可交由本會轉請各導師批評

1923 年 4 月 20 日《北京大学日刊》上刊发的《造型美术研究会通告》

國立北京大學造型美術研究會通告

本會為提倡美術起見招收校外會員每
月收雜費五角（兩個月一繳）凡有志於
此道者無論男女均可報名簡章刊本會
所索閱

報名時間每日下午二時至五時

地址景山東街老紅門內稍十七號

可也此布

北京大學布告

本校布告

十一年六月本校各系畢業生體書早經
僨交務處諮該生等速赴本校文牘課
領取

六月五日

註冊部布告

本科各系定於六月十一日停課即於是
日起舉行學年試驗試驗時間表另行宣
布

上學年各生有須再求完成考求及格當補考者惠按

1923 年 6 月 6 日《北京大学日刊》刊登的《国立北京大学造型美术研究会通告》

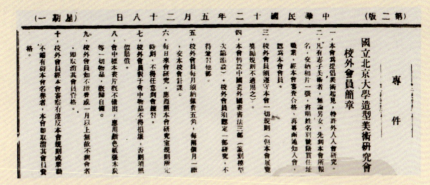

國立北京大學造型美術研究會校外會員簡章

專件

一、本會為提倡美術起見特許外人入會研究

二、凡有志於美術者無論男女先到本會所處
　　名交納相片一張青期姓名別號籍貫住址
　　職業報名本會審查合格再專術通知入會

三、校外會員須遵守本會一切規則（但本會展覽
　　展示本會會員）

四、本會特設中國畫書法三部（篆劃模型
　　寫生靜物）校外會員得認定一部研究不
　　得兼他部

五、校外會員每月須納雜費五角每個月一繳

六、每日來會研究應遵照本會會室規定之
　　時刻　不得任意到處

七、校外會員得任於本會中物品不得損壞否須賠償

八、校外會員本會片概不借出應用顏色紙張水彩
　　筆一切物品　應自備自辦

九、校外會員如不續費滿一月以上無故不到會者
　　即取消其會員資格

十、校外會員研究本會審察有違反本會規則或棄勵
　　不服而有損於本會名譽者本會即取消其會員
　　　　　資格

1923 年 9 月 20 日《北京大学日刊》上刊发的《国立北京大学造型美术研究会校外会员简章》

人才。民国成立后，经外交部与教育部商定，将其改组为"外交部俄文专修馆"，办学目的也改为以培养外交人才为宗旨。20世纪20年代，学校改名为"俄文法政专门学校"，增设法律课程。

改制后的俄文法政专门学校以造就国家法律专门人才并精通俄文为宗旨，学制为五年制，其中预科两年，本科三年。预科以俄文为主，兼修关于法学的各种基础科学，本科则俄文与法律并重。王青士进入俄文法政专门学校后，住在学校附近，与同在该校就读的老乡韦素园（1921年曾赴莫斯科参加共产国际第三次代表大会，1922年进俄文法政专门学校学习）相逢，在学校又结识了中共早期主要领导人之一瞿秋白的弟弟瞿云白。

王青士与瞿云白认识后，有更多的机会阅读《中国青年》等进步刊物，同时，从瞿秋白那里听到了许多关于俄国十月革命的新鲜事情，了解到一些国内革命的形势。这些新思想、新见解使王青士受到了深刻的启迪，开始积极参与到爱国民主运动当中去。

1924年初，国共两党实现了第一次合作，国民党的组织在全国各地得到了快速发展。同年7月，在李大钊等同志的努力下，国民党北京市党部成立。王青士被发展为国民党员，投入到了波

王青士（左一）与瞿云白、
韦素园、王冶秋的合影

1924年7月18日《时事新报》（上海）对俄文法政专门学校的介绍

澜壮阔的革命浪潮中去。

　　1924 年 10 月，冯玉祥发动北京政变成功，邀请孙中山北上共商国是。孙中山接受了中共"只有国民会议才可望解决中国政治问题"的主张，于 11 月 10 日发表《北上宣言》，号召"召集国民会议，以谋求中国之统一与建设"。为促成国民会议的召开，中共中央在同年底陆续发表《孙中山北上，各地应组织国民会议促成会及展开活动》《开展促成国民会议运动的方针》等通告，号召全国发起召开国民会议和废除不平等条约的人民运动，号召全国民众和青年起来积极为召开国民会议而斗争。12 月 31 日，孙中山扶病抵达北京，王青士与同学参加了盛大的欢迎仪式，

李大钊（1889—1927），
中国共产党主要创始人之一

各界群众打着标语、旗帜，高呼"打倒帝国主义""打倒军阀政府""取消不平等条约"等反映国民革命纲领的口号。欢迎的队伍从前门东车站一直排到了天安门。

1925 年 3 月 12 日，孙中山因病在北京逝世，中共中央专门发表了《中国共产党为孙中山之死告中国民众》书，盛赞孙中山先生为中国人民自由运动而做的伟大贡献和功绩，号召继续国民会议和废除不平等条约运动。3 月 31 日，王青士参加了在中央公

1924 年 12 月 15 日《民国日报》刊登的《北京欢迎孙先生热潮》

哀悼孫先生

國內要聞

開弔第八日

▲到者十餘萬人、足見
中山先生感人之深、現已開弔第八日、而團體及個人絡繹來致祭者、仍異常踴躍、昨日公園恢復售票、惟孫中山先生往弔界各人士、除個人前往者、上午計有匯文大學學生、燕京大學學生代表、中國大學小學全體學生五百餘人、梁行漸聽之講演、中國大學全體學生代表孫端等、約十萬人外、其以團體名義前往者、學生會代表一百餘人、成達學校全體、湖北公益促進會、俄文法政專門學校全體、慕貞女學校全體、執輪第一
小學校全體、中國各省區匯聯合會代表章佩萱等四十餘人、幾輔大學生會代表五十餘人、下午計有中央女學主任石道瑤、及男女學生一百餘人、全國鐵路協會代表石蓂農等九十餘人、陸軍中學學生會代表徐謙等、貝滿中學學校全體、瑞務學校學生會代表四十餘人、財政專門學校全體、中央大學全體、京師鑒華學校全體、文化大學代表鄺澳森等、楚北知社、其他團體尚多、共計五十餘云。

1925年4月4日《民国日报》上刊登的《哀悼孙先生　开吊第八日》

园举行的祭吊活动，他决心要继承发扬孙中山的革命精神，完成国民革命的事业。

　　1926年3月18日，为反对日、英、美、法、意、荷、比、西向段祺瑞执政府发出的八国通牒，在中共北方区委和国民党左派的领导下，一万多名学生和群众来到天安门召开国民大会，反对军阀政府妥协。李大钊、赵世炎、陈乔年等领导人都参与了这次活动的部署工作，中共党员王一飞担任游行总指挥。会后，按照部署，约2000人从天安门经东长安街、东单、东四，向位于

孙中山灵堂

北京群众为孙中山送葬

段祺瑞执政府卫队与示威群众对峙

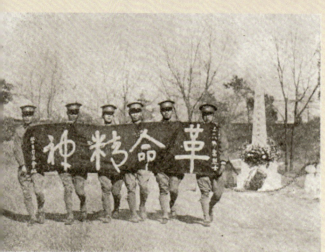

学生军参加烈士安葬礼

1926年3月26日《新闻报》刊登的《北京惨案之经过详情》，详细报道了天安门前会议、惨案发生情形等。此为当日报纸的截取部分

铁狮子胡同的段祺瑞执政府进发。游行队伍行至执政府东辕门，请愿群众与卫队交涉时引发冲突，卫队竟朝无辜群众开枪。铁狮子胡同一时血光四溅，惨不忍睹。当日惨案共造成47人死亡，200多人受伤。

三一八惨案之后，大批共产党人和革命群众遭到通缉。王青士难以在北京安身，只得暂回霍邱老家避险。

（三）心向革命　无私无畏

回到霍邱，王青士仍然时刻关心着革命。1926年9月，王青士在霍邱城关开了一家开明书店，主营新书新报，宣传新思想新文化。开明书店成为霍邱新青年的聚集地。

1927年4月间，随着北伐战争的不断胜利，国民党反动派露出了真实面目。在北伐军占领安徽的广大地区后不久，反革命政变骤然发生。随着国共合作的彻底破裂，白色恐怖笼罩中华大地。王冶秋当时已经是一名中共党员，他从北京虎口脱险，潜返霍邱，与哥哥王青士相聚。随着王冶秋的到来，李何林、戴映东、袁新民、刘介华等共产党员也陆续成为王青士家的座上宾。通过他们的讲述，王青士了解到国民党反动派屠杀革命者的种种恶行，深感悲痛的同时，毅然决然公开宣布退出国民党，要求加入共产党。1928年初（一说1927年冬），王青士经王冶秋、李何

林两人介绍正式加入中国共产党，实现了他多年来的愿望。

入党后，为了解决党组织经费困难的问题，王青士将大部分收入都交给组织，还和妻子裴荫青商量，卖掉嫁妆以支持革命活动。他对妻子说，困难是暂时的，未来一定会有美好的生活。

裴荫青的名字是王青士取的，他们夫妻二人琴瑟和鸣，相敬如宾。裴荫青从小没有父母，由兄嫂抚养成人。王青士心疼妻子，他教裴荫青读书识字，给她讲述革命的故事和劳动者的力量。原本不识字的裴荫青逐渐可以自己看报读书，共产党、无产阶级这些字眼深深地印刻在她的脑海里。裴荫青能够理解丈夫，支持丈夫，王青士为追求理想，常年在外奔波，裴荫青便替他在家尽心尽力地照顾母亲。

1928 年 2 月，王冶秋参加了中共皖北特委扩大会议，带回了

在皖北举行武装暴动、实行土地革命的会议决定。之后，霍邱党
组织改组为霍邱县委，王冶秋任县委委员。霍邱县委积极响应特
委的号召，一方面发展党员、团组织，扩大党在群众中的影响，
一方面深入开展农民运动，不断在斗争中扩大农民协会组织，为
未来发动武装暴动奠定基础。

　　这一时期，王青士利用开明书店容易结交进步青年的优势，
很快发展了党、团员十余人，为党组织的发展壮大做出了一定的
贡献。同时，王青士发挥自己的专业特长，通过引人注目的传单
和标语，宣传中国共产党的革命，特别是他从报纸上收集到的全
国各地的暴动情况，使广大党员和革命群众备受鼓舞。

　　就在霍邱县委为农民武装暴动进行准备工作时，4 月 9 日，
中共皖北特委在阜阳举行了暴动，由于敌我力量悬殊，特委书记

王青士在霍邱时用过的
望远镜

魏野畴牺牲，暴动失败。霍邱县委得到消息后，即时总结本县武装力量的实际情况，认为应减少不必要的牺牲和损失，最终决定组织"文字暴动"以威慑敌人。

经过三个多月的部署和准备，7月27日夜，霍邱全县的党团员一致行动，王青士和李何林负责新店埠一带的工作。一夜之间，霍邱全县方圆200余里到处是"打倒帝国主义""打倒新军阀蒋介石""苏维埃政权万岁"等字样的标语和传单。人们纷纷传言，有几万名共产党员在霍邱。国民党霍邱警备司令部大为惊恐，迅速在全县开展了盘查、搜捕。

百密一疏，千虑一失。敌人很快从油印的传单上找到了破绽。当时全县除了政府机关，只有县高小有一部油印机。因此，县高小的校长李何林成为搜捕对象，李何林经常来往的开明书店以及王青士等人也逐一暴露。

未名社旧址

　　中共霍邱县委立即组织人员转移。王青士和王冶秋转移到了上海，住在好友王正朔家——江湾永义里立达学院隔壁的一个亭子间（一说景清里）。他们与组织失去了联系，从炎炎酷暑一直待到凉风渐起，王青士和王冶秋只得再次前往北京寻找机会。

　　在北京西老胡同一号未名社，王青士与李何林重逢。未名社是鲁迅于1925年创办的进步文学社团，翻译、出版一些外国文学作品，其中很大一部分是苏联作品。未名社的成员中，除鲁迅、曹靖华外，韦素园、韦丛芜、台静农、李霁野等都是安徽霍邱县人。依靠同乡的关系，王青士以"店伙"的身份加入了未名社。不久后，未名社搬到景山东街四十号，这里有比原来多了一

王青士在未名社工作时留影

曹靖华译爱伦堡《烟袋》的封面，王青士设计，形式新颖，吸引了不少读者

曹靖华译鲍里斯·拉甫列涅夫《第四十一》的封面，王青士设计，以剪影式图案再现了作品的经典情节——女红军战士枪击白匪军官

1930年8月出版的台静农小说集《建塔者及其它》的封面，王青士设计

李霁野翻译的短篇小说集，1929年4月初版的《不幸的一群》封面图片由王青士参与选取。译者在书末特地指出："这幅画底得到，我要感谢青士兄……青士同志为《不幸的一群》所选取的书面画——《自由》（俄国画家列别介夫的油画），既能贴切地说明书的内容，也寄寓着对于自由的焦灼与渴望——他自己即厮杀于争取自由解放的战斗行列中，并为此献出了年青的生命！"

王青士在未名社

倍的房屋，有东西两个院子。未名社在东院三小间北屋里成立了门市部，将西院当宿舍。王青士和李何林负责门市部的工作。王青士擅长绘画，在售书之余，他发挥自己的专长，为未名社出版的书设计一些颇具特色的封面，为未名社的发展做出了重要的贡献。

到了1929年初，王青士终于重新和组织接上关系，被编入北京大学支部的一个小组。他一边在未名社工作，一边做党的地下工作。1929年冬，为了避免因为频繁的革命活动牵连到未名社，也为了能够更专注于党的事业，王青士辞去未名社的工作。他被任命为共青团北平市委书记，从此成为一名职业革命家。

北大红楼

（四）奔赴晋鲁　魂归浦江

在同志们的印象中，王青士有着饱满的革命热情，对待工作极为严肃认真。但在生活上，他简直到了赤贫的程度。为了工作，他食无定时，居无定所。口袋里装上几个烧饼，到处奔走，饿了就啃上几口；晚上有时挤在北大学生宿舍，有时借住在朋友家的地板上。但是，没有人听到他叫一声苦！他性格豪爽，快人快语，言必信，行必果，永远是革命乐观派的样子。

王青士曾特别叮嘱知识分子党团员注意搜集北方各地的经济

王青士

资料并作研究。有人不解其意，他解释说："这些资料，是革命成功之后我们转向建设事业首先用得上的。"他的这种高瞻远瞩，在当时党的工作者中是难能可贵的。

为进一步加强北方地区党的工作，中共中央临时政治局决定成立中共中央北方局，负责管理顺直、山西、满洲、内蒙古、山东等地党的工作。北方局的主要任务是贯彻八七会议精神，改组各级党的领导机关，彻底纠正党内右倾机会主义错误，重新团结和发展党的队伍。

白色恐怖弥漫全国，山西党组织也同样遭到严重破坏，不少领导骨干被捕和牺牲，党的组织濒于瘫痪，工作陷于停顿。1930年5月，中共中央北方局决定成立山西特委，王青士被任命为书记，前去整顿山西党组织涣散的局面。

王青士化名青石，与交通员高克亭一同赴太原上任。他们到了太原和市委接上关系后，王青士立即着手了解具体情况，进行组织整顿，加强工厂基层工作，积极开展斗争。面对部分党员丧失革命斗志、萎靡不振的思想状况，他号召大家"一起去战胜前进道路上的困难，去共同争取光明，争取胜利"。

王青士对特委机关的同志要求严格，他指示大家联系群众，必须以一种普通职业为掩护，深入到工厂、学校中去进行工作。太原兵工厂与汉阳兵工厂、沈阳兵工厂并称为全国三大兵工厂，

太原兵工厂旧址

工厂规模大，产业工人多。该厂有着光荣的革命斗争传统，党在工人中有着普遍的影响。王青士把太原兵工厂作为工运工作的重点来抓。他装扮成药贩向工友兜售避瘟药、无极丹，借机了解工人的实际情况，他每日徒步往返于机关和工厂，双腿浮肿也没有停歇。

王青士重视宣传工作，他文思敏捷，工作报告能够一挥而就，但是起草传单宣言，却常常要反复修改，亲自刻版印刷。每逢纪念日，需赶制大量宣传品，他经常彻夜不眠分配散发。他为恢复和整顿山西党组织以及山西的工运工作，做出了重要的贡献。

王青士在太原工作时间不长，却展现了突出的工作能力。1930年11月上旬，山东省委遭到破坏，省委主要领导人被通缉，被迫离开山东。11月底，王青士奉调到青岛，负责组织恢复中共山东省委机关工作。王青士听取了中共青岛市委韩连惠、罗石冰等人关于山东、青岛情况的汇报后，根据上级指示精神，迅速地于12月初，在青岛组成中共山东临时省委。王青士任省委组织部长兼管青岛市委工作。

12月8日至24日，他在青岛参加了省委第一次会议后，就和省军委负责人赵一航分别赴潍县、寿光、青州、广饶等地巡视，传达中共中央六届三中全会决议，在寿光召开了潍县、寿光、益都、广饶四县书记的联席会议，布置年关斗争并成立了中共青莱特委。

12月底，王青士回到青岛参加省委会议，会后立即动身往上海参加中共中央通知的紧急会议。到上海后，他抓紧时间于1月13日整理出来一份工作报告，向中央汇报了新的山东省委成立前后的经过，以及所开展的各项工作。

1931年1月17日，王青士到汉口路东方旅社31号房间开会，被租界巡捕房逮捕。1月19日上午，国民党江苏省高等法院第二分院开庭审判，王青士自称二十五岁，安徽人，去东方旅社是去找姓彭的拿行李，到了东方旅社31号房间后没有人，就被

王青士（化名王子官）的上海工部局老闸捕房送案单

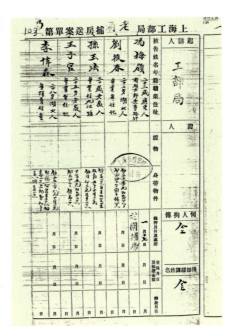

巡捕捉住了……虽然编造了一套"供词"迷惑敌人，但敌人已认定他是共党"要犯"。2月7日，王青士等人在龙华国民党淞沪警备司令部刑场就义，终年24岁。

王青士大事年表

1907 年 8 月　出生于沈阳，祖籍安徽霍邱。

1922 年夏　就读于南京美术专科学校。

1923 年夏　到北京大学造型艺术研究会旁听，后考入俄文法政专门学校。

1924 年　加入中国国民党。

1925 年　参加孙中山追悼活动。

1926 年　三一八惨案后，回霍邱，开办开明书店。

1928 年　加入中国共产党，参与霍邱农民协会工作。

1928 年 7 月　参与组织霍邱文字暴动，后转移到上海。

1928 年秋　到北京未名社工作。

1929 年初　编入北京大学支部某小组。

1929 年冬　辞去未名社工作，担任共青团北平市委书记。

1930 年 5 月　任中共山西特委书记。

1930 年 11 月　奉调青岛。

1930 年 12 月　任山东省委组织部长兼管青岛市委工作。

1931 年 1 月　在上海东方旅社被捕。

1931 年 2 月　在龙华国民党淞沪警备司令部刑场就义。

主要参考文献

1. 霍邱县地方志编纂委员会编：《霍邱县志》，中国广播电视出版社 1992 年版。

2. 王可著：《王冶秋传：一个传奇人物的一生》，文物出版社 2007 年版。

3. 北京大学历史系《北京大学学生运动史》编写组编：《北京大学学生运动史（1919—1949）》，北京出版社 1988 年版。

4. 中共六安市委党史研究室编：《皖西党史资料辑要（第 1 册）》，2011 年版。

5. 中共天津市委党史研究室著：《中国共产党天津历史》，中共党史出版社 2021 年版。

6. 江长仁编：《三一八惨案资料汇编》，北京出版社 1985 年版。

7. 解福谦主编：《山西军事工业工人运动史通览》，山西人民出版社 2008 年版。

8. 李霁野：《鲁迅先生与未名社》，人民文学出版社 1984 年版。

9. 胡从经：《柘园草》，湖南人民出版社 1982 年版。

10. 中共北京市委党史研究室：《中国共产党北京历史　第 1 卷（1921—1949）》，中共党史出版社 2021 年版。

11. 包子衍、许豪炯、袁绍发：《李何林谈他的生平经历和文学生涯》，《新文学史料》1986 年第 2 期。

12. 李霁野：《别具风格的未名社售书处——兼记鲁迅先生三次访问》，《安徽师范大学学报（哲学社会科学版）》1976 年第 4 期。

13. 中共霍邱县委党史和地方志研究室：《中国共产党安徽省霍邱县历史》，中共党史出版社 2020 年版。

14. 中共霍邱县党史研究室：《中国共产党霍邱县历史大事记》，安徽人民出版社 2005 年版。

15. 张义渔主编，中共上海市委党史研究室、上海市民政局编：《上海英烈传》(第七卷)，上海翻译出版公司 1991 年版。

16. 黄艳芬著：《无名的泥土：中国现代文学社团未名社述评》，安徽教育出版社 2017 年版。

17. 中共山东省委党史研究院：《中国共产党山东历史·第 1 卷（1921—1949）》(上)，中共党史出版社 2021 年版。

18. 中共霍邱县委党史研究室编：《霍邱中共党史人物传》，安徽人民出版社 2011 年版。

19. 龙华烈士纪念馆馆藏资料。

伍仲文　蔡博真画传

WU ZHONGWEN CAI BOZHEN

他们年轻而热情，真诚而美好，他们邂逅在追求真理的道路上，从此携手同行，相互扶将、不惧风浪。当死亡威胁降临，他们对革命的忠诚没有丝毫动摇，选择同生共死，不负爱情，不负信仰。他们是伍仲文和蔡博真。

（一）好学上进求新知

1903 年的一天，广西南宁一普通商户人家诞下了家中的第一个女儿，取名伍杏仙。伍杏仙的父亲伍祥秀本是广东省南海县（今佛山市南海区）人氏，跟随父辈迁往广东省灵山县（今广西壮族自治区灵山县），并在那里成家立业，之后又举家迁往广西

伍杏仙

南宁谋生。伍祥秀一开始在裁缝铺里当学徒，攒了一点积蓄，和几个朋友合开了一间杂货店，当起了小商人。可好景不长，杂货店生意逐年亏损直至完全失败。尚且年幼的伍杏仙与同样辍学的弟弟妹妹一起，一边帮助父母在街头摆摊以补贴家用，一边跟随家中长辈认字读书。

1920 年，聪敏好学、渴望新知的伍杏仙考入当地的女子高等学校读书。1921 年 10 月，桂系军阀被赶出广西后，孙中山来到

记录伍杏仙革命活动的干部登记表

南宁并发表演讲，民主共和的思想受到南宁人民的拥护，也在伍杏仙的心中生根发芽。

然而此后的几年，南宁军阀混战的局面没有改变，直至1924年国共合作正式形成后，南宁人民才迎来了国民革命的新局面。南宁的第三师范学校和女子高等学校的青年学生，纷纷走上街头，高举反帝反封建的旗帜，以演剧、演讲等形式传播进步思想。

1924年春天，伍杏仙与一些志同道合的同学一起，来到了国民革命的中心——广州。不久后，她考入广州市立女子职业学校，并被招聘到市电话局当司机生，开始了半工半读的生活。

（二）职业女校斗志昂

伍杏仙就读的女子职校原名广州市立女子缝制学习所，后改名为广州市立女子职业学校。学生在校学习的同时，还能获得工作机会，且早期的学生大多数都被安排到了市电话局，因此颇受贫苦学生的青睐。1924年底，该校和市电话局成立了青年团的联合支部，区夏民任支部书记。区夏民两年前因不满包办婚姻，从佛山出走到广州。她曾给予伍杏仙热情的帮助，并成为伍杏仙革命思想的引路人。1925年春，伍杏仙加入了共青团。

伍杏仙入团后接到的第一个任务是动员电话局女司机参加联合会。她与女职工耐心细致地讲道理，摆事实。"电话女司机联合会成立以来，处处维护我们的利益。过去我们的待遇很差，联合会为我们争得了工资待遇的提高，也帮助我们提高了在社会上的地位。"伍杏仙争取和团结了一批女司机加入联合会，壮大了红色工会的队伍，同时积累了开展工作的经验。

在校期间，伍杏仙还与区夏民、谭竹山等进步女性一起参加了新学生社。新学生社成立于1922年，是中国共产党直接领导下的以社会主义青年团员为核心的青年学生组织。该社积极组织青年学生学习，宣传革命思想，深入厂矿、农村开展平民教育，培养了大批从事工农运动的骨干，是广东学生运动中的一支活跃力量。

作为校团支部和"新学生社"骨干成员，伍杏仙被派往广东平民教育委员会下设的平民学校担任教师。平民学校离她居住的地方路途遥远，她白天结束在电话局的工作后，便匆匆赶去上课。伍杏仙发现教材内容多有糟粕，不符合劳动群众的实际需求，常常熬夜研析教材。她上课不照本宣科，善于结合工人深受痛苦的根源和实际来讲，学生的思想认识得到了迅速提高。伍杏仙因势利导，把学生们组织起来，成立了织补工会分会。

1925 年 5 月，广东妇女解放协会正式成立，这是中国共产党领导广大劳动妇女运动的公开组织。伍杏仙被选举为广州市立女子职业学校和广州市电话局联合分会的执委，兼任妇协会的宣传工作。

在广州市立女子职校学习工作的时间虽然短暂，但伍杏仙在一次次的斗争实践中培养了革命意志，锻炼了工作能力，逐步成长为广东妇女运动的重要干部。

（三）省港罢工显才干

1925 年 6 月，为了支持上海人民的五卅反帝爱国运动，一场轰轰烈烈的工人运动——省港大罢工席卷广州和香港两地。此次罢工历时 1 年零 4 个月，是 20 世纪 80 年代以前世界工人运动史上时间最长的一次罢工。

在罢工运动中，伍杏仙等广大女性积极参与，成为反帝反封建的有生力量。6 月 23 日，伍杏仙发动女工参与了香港罢工工人和广州各界群众 10 万余人在广州举行的示威游行。当游行队伍行经沙基时，遭到英帝国主义军警的野蛮屠杀，当场中弹身亡的有 50 余人，170 多人受重伤，轻伤不计其数，这就是震惊中外的"沙基惨案"。伍杏仙目睹了惨案的发生，她看到因受伤而痛苦哀

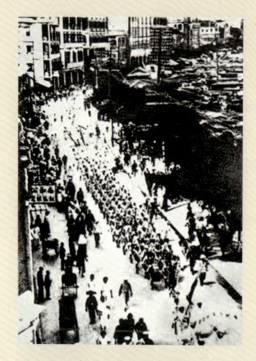

省港大罢工现场

省港罢工委员会和工人武装纠察队本部

号的同胞，心痛不已。医院躺满了伤员，医生来不及抢救，她就撸起袖子上前帮忙，照顾伤员。通过这次血的洗礼，她更加清楚地看到了帝国主义的狰狞面目。

罢工中的女工工作极为琐碎繁杂，伍杏仙走街串巷、挨家挨户解决罢工家属的衣食住行困难。她脱下白衫黑裙，换上大襟黑衣裤，和女工交朋友，及时向罢工委员会邓中夏、苏兆征等领导

"沙基惨案"纪念碑

邓中夏（1894—1933），中共省港
罢工委员会党团书记

苏兆征（1885—1929），省港罢工
委员会委员长

反映妇女要求。她积极投身各种宣传活动，带头捐衣捐物，以身示范，号召群众为罢工贡献一份力量，唤起人民反帝反封建的革命热忱。

在革命实践中得到历练的伍杏仙，逐渐成长为坚定的马克思主义者，1925年的冬天，她光荣地成了一名中国共产党党员。1926年冬，伍杏仙被党组织选送到苏联莫斯科中山大学学习。

20 世纪 20 年代伍杏仙
与友人合影

（四）岭南少年当自强

在莫斯科中山大学众多的同学中，有一位与她交集不多的同学，却在伍杏仙学成回国之后，成了她心灵的挚友和革命生涯的忠诚伴侣，那就是蔡博真。

1905 年，蔡博真出生于广东梅县。1926 年，他在一家邮务公司做文书工作，拿着体面的薪水，工作踏实，为人稳重。但他心系民族国家，爱好阅读进步书刊，常和朋友们畅聊国家大事，逐渐走上革命道路，后被派往南洋工作。

1927年3月12日，新加坡国民党总支部（实际上大多数是共产党人）为纪念孙中山先生逝世两周年，发动几千人游行示威。但当游行队伍到达大坡牛车水（地名）时，与英国警察发生冲突。英警开枪镇压，死伤数十人。惨案发生后，新加坡总支部派蔡博真、许侠雄、文省之、卢修谦4人组成"星洲惨案归国代表团"，由共产党员蔡博真任团长，回国争取政府和人民的支持。蔡博真向广大工人代表汇报了惨案情形，揭露英帝国主义的残暴，并发表了谴责英帝的宣言和通电。

回国后，蔡博真与就职于广州国民党中央海外部的洪灵菲逐渐熟悉起来。在洪灵菲的帮助下，蔡博真组织过两次群众集会，一次是以潮州在穗（广州）学生革命同志会的名义，以大学生为

洪灵菲（1902—1933），1926年加入中国共产党。曾任国民党中央海外部干事，编辑《海外月刊》

主体的集会；一次是以海外部留守处的名义，发动社会各界人士参加的集会。蔡博真在集会上揭露英帝国主义血腥镇压民众的真相，引起了热烈的反响。

令蔡博真没想到的是，反革命政变骤然发生。继上海四一二反革命政变之后，1927年4月15日，广州国民党反动派下令戒严，广州全城顿时布满军警，从各机关、各部队、各学校、各革命团体中，"清洗"杀害了大批共产党员和革命志士。

一大批荷枪实弹的军警包围海外部留守处，大肆抓捕共产党员，蔡博真正好外出办事躲过一劫。看着昔日工作的地方已一片狼藉，蔡博真只得潜往洪灵菲的住处商量对策。为了减少不必要的流血牺牲，在组织的关怀下，蔡博真和洪灵菲等人辗转到香港避难。他们在香港一安顿下来，便积极与组织联系，汇报他们在广州的情况，同时着手成立办事处，组织人员广泛宣传、揭露国民党新右派的反革命行径。

几个年轻人的频繁活动，引起了英国警探的注意。一天，警察突然上门，尽管没有搜到任何"可疑物品"，但还是将蔡博真他们带走，关进了拘留所。在拘留所里，蔡博真每天饿得头昏眼花。好在被关押的时间不长，香港西捕房查无证据，又经同乡营救，蔡博真终于重获自由。5月上旬，蔡博真等人被释放后，港英当局将他们送上海轮，驱逐出境。他们流亡到新加坡等地，又几经辗转回到了广州。流亡岁月的苦难并未消磨蔡博真的意志，回来后，他参加了1927年12月的广州起义。起义最终因敌我力量悬殊而失败，蔡博真被党组织选派往苏联学习。

（五）深入群众做宣传

1928年秋，伍杏仙更名为伍仲文，从苏联回到了祖国。她接受党组织的安排，到上海中共法南区委负责指导青年运动。1929年夏季，伍仲文被派往中共吴淞区委工作，负责领导吴淞区的纱厂女工运动。在吴淞区委工作期间，她与一位农民老大娘建立了深厚的感情，在老大娘的掩护下，她经常化装成纱厂女工、女教师等身份，与吴淞地区的纱厂女工和学生联络。因为工人们白天要上工，许多会议要到夜晚才能开。有时为了躲避敌人的盯梢，伍仲文要在黑暗的田野里兜兜转转无数阡陌小路，直到深夜才能回到住处。老大娘担忧伍仲文，常常等她到半夜。

1929年秋，伍仲文被派遣到中共闸北区委妇女部工作，后担任共青团闸北区委书记，主要负责领导闸北区纱厂和丝厂女工运动。她像一个知心大姐姐，时刻关心着女工们的生活和工作，照顾生病的女工，教给她们如何巧妙地与资本家斗争。

针对工人，特别是女工文化低的特点，在闸北区委工作的伍

上海纺织厂的女工在纺纱

仲文积极响应上级党组织的号召，将夜校工作放在了重要位置，一方面教文化，一方面宣传革命道理。在伍仲文的努力下，闸北区委有效地推动了女工的经济斗争和政治斗争，扩大了党在女工群众中的政治影响力，发展了党的青年群众组织。

（六）反帝同盟革命忙

上海青年反帝大同盟、上海反帝大同盟于1929年6—8月间先后成立，都是中共江苏省委领导的上海人民反帝群众团体。1928年，蔡博真也从苏联回到上海，积极参与组织领导群众团

精武体育会会馆（今上海市虹口区四川北路 1702 弄）

位于上海市虹口区四川北
路 1702 弄的精武体育会
旧址

体。他曾担任上海青年反帝大同盟党团书记、上海闸北反帝大同盟主任。

当时的上海处处风声鹤唳，党组织的活动基本是以非公开、秘密集会的形式开展。蔡博真是一个思维缜密，做事周全的人。一次在虹口横浜桥福德里精武体育会礼堂开反帝大同盟群众大会，蔡博真首先带着工人纠察队详细地勘察礼堂附近的敌情，制定应对计策，细致地安排纠察队的同志站岗放哨。在群众大会上，蔡博真做了激情昂扬的演讲，"反对世界大战，拥护苏联，保护中国革命。各界群众要团结起来，反对帝国主义、反对军阀战争、反对国民党，为了争取自由，要做坚决的斗争"。由于会

蔡绍敦（1898—1971），1924年创办上海绍敦电机公司，1927年底加入中国共产党，1929年参加中央特科

前做了缜密部署安排，大会顺利召开了半个多小时，参会人员全身而退。散会一刻钟后，反动军警才后知后觉地派大批人马前来搜捕，结果扑了个空。

在上海白色恐怖下开展群众活动，极易被捕，甚至牺牲。有一次在南京东路组织反帝示威游行，蔡博真不幸被抓进巡捕房，遭到了残酷的殴打。但是他咬紧牙关、没有暴露身份，谎称是绍敦电机公司的职员。巡捕房找不到实质性的证据，在党组织的积极营救下，蔡博真由蔡绍敦保释出来。

还有一次，蔡博真在南京路组织示威游行，因巡捕干扰，游行队伍被迫转移到贵州路上的北京大戏院门前。游行队伍与巡捕发生了正面冲突，一名群众被枪杀。眼看巡捕准备继续开枪时，蔡博真不顾危险挺身而出，在他的带动下，游行群众将巡捕团团围住，暂时将之吓退，才避免了更大的伤亡。

1929年8月15日，江苏省委对闸北区委成员做出调整，蔡博真被任命为区委宣传委员。由于工作表现突出，三个月后他又被江苏省委委任为闸北区委书记。1930年夏，蔡博真接替何孟雄任沪中区行动委员会书记，同年10月，蔡博真根据组织的安排调任沪中区委书记。

20世纪30年代的北京大戏院

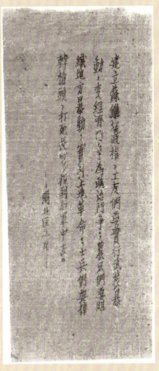

上海闸北反帝大同
盟为反对军阀混战
实行暴动的示威标
语（上海市档案馆
馆藏档案影印资料）

（七）血洒龙华寄壮志

蔡博真和伍仲文是广东同乡，都曾在苏联留学，来到上海后，又曾同在闸北区委工作。在工作中他们渐生情愫，两颗心彼此靠近。然而，高高瘦瘦、性格内向又沉稳的蔡博真还没来得及向伍仲文求婚，不幸就来临了。

1931年1月17日下午，正在天津路中山旅社6号房间参加会议的蔡博真和伍仲文都被逮捕。被捕后，伍仲文化名吴惠英，蔡博真化名李文斌，他们先是被关押在老闸捕房，后经江苏高等法院第二分院审理，引渡到国民党上海市公安局，几天后被押往龙华国民党淞沪警备司令部看守所。

在被引渡到国民党淞沪警备司令部的途中，热心的同志们提议要给蔡博真和伍仲文举办一场特殊的婚礼，他们欣然同意，并毅然决然地在囚车里庄然宣布了极不寻常的结婚誓言："人生之路行将走到终点，革命共同信仰永远不变。"根据1951年2月15日的《文汇报》文章《永难忘的二月七日晚》记载："据说，他们被捕押解上大卡车……有两位男女朋友在恋爱过程里，他们同时被捕，大家提议在车上举行婚礼了。干革命工作的人对牺牲并不陌生，但他们却无时不充满快乐，如果死，也应该死得年轻一点，在这里他们竟强迫死神做一次月下老人，死神也不能不低

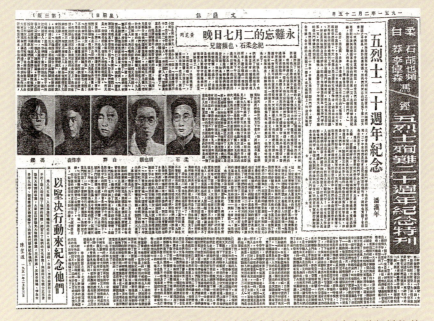

1951年2月《文汇报》刊登的黄芝冈关于伍仲文和蔡博真在囚车上举行婚礼的文章

原国民党淞沪警备司令部看守所拘捕、移送共产党人和革命志士的囚车（仿制品）

头了。"

在龙华狱中恶劣的条件下，伍仲文依然坚持学习。她托狱卒带字条给弟弟伍浩，上面写着：列宁、斯大林坐过不少的牢，被放逐过，这是一个革命者不平凡的大学经历。嘱咐弟弟来探监的时候，可以利用热水瓶夹带一份党的文件给他们，以方便他们在狱中学习讨论。然而当伍浩准备好一切，前往探监时，伍仲文、蔡博真已经遇害。

1931年2月7日，蔡博真、伍仲文等24位革命志士被反动派集体枪杀于龙华。龙华监狱的一名看守后来详细回忆了蔡博真和伍仲文等烈士牺牲前的细节。他们牺牲的当晚，国民党当局人员核对完他们的身份后，便拿着执行书要他们当场盖指印。同志们奋起反抗却遭到了暴徒的残酷殴打。

诀别的时刻还是来了。被打成重伤的伍仲文、蔡博真等人昂首挺胸，高唱着国际歌走向刑场。随着一阵杂乱的枪声响起，20余位烈士陆续倒在了血泊中。据目击者回忆：伍仲文是最后一个倒下去的，倒地之前还大声高呼"中国共产党万岁！"

以蔡博真、伍仲文的故事为原型创作的螺钿画，陈列于龙华烈士纪念馆

1985 年的龙华革命烈士就义地

伍仲文大事年表

1903 年　出生于广西南宁。

1920 年　就读于女子高等学校。

1924 年春　进入广州市立女子学校半工半读。

1925 年春　加入中国共青团，后加入青年学生组织新学生社。

1925 年 6 月　在省港大罢工中从事女工工作。

1925 年冬　加入中国共产党。

1926 年冬　前往莫斯科中山大学留学。

1928 年秋　回国，后被派往上海法南区委指导青年工作。

1929 年夏　被派往中共吴淞区委工作，负责领导吴淞区纱厂女工运动。

1929 年秋　负责中共闸北区委妇女部工作，担任共青团闸北区委书记。

1931 年 1 月　在上海中山旅社被捕。

1931 年 2 月　在龙华国民党淞沪警备司令部刑场就义。

蔡博真大事年表

1905 年　出生于广东梅县。

1926 年　在邮务公司从事文书工作。

1927 年 4 月　到香港、新加坡等地参加革命活动。

1927 年 12 月　参加广州起义，后被派往苏联莫斯科中山大学留学。

1928 年　回国。

1929 年　任上海青年反帝大同盟党团书记、上海闸北反帝大同盟主任。

1929 年 8 月　任中共闸北区委宣传委员。

1929 年 11 月　任中共闸北区委书记。

1930 年夏　任沪中区行动委员会书记。

1930 年 10 月　任中共沪中区委书记。

1931 年 1 月　在上海中山旅社被捕。

1931 年 2 月　在龙华国民党淞沪警备司令部刑场就义。

主要参考文献

1. 广州青年运动史研究委员会编：《广州青年风云录》，广东人民出版社 1988 年版。

2. 中共上海市委党史研究室、上海市民政局编：《上海英烈传》（第七卷），上海翻译出版公司 1991 年版。

3. 中国人民政治协商会议广东省委员会文史资料研究委员会编：《广东文史资料（第三十四辑）》，广东人民出版社 1982 年版。

4. 广东省档案馆、广东青运史研究委员会办公室编：《新学生社史料》，广东省档案馆、广东青运史研究委员会办公室出版发行 1983 年版。

5. 广东地方编纂委员会编：《广东省志·人物志》（下），广东人民出版社 2002 年版。

6. 张晓阳、孔繁勋：《雨花台烈士传丛书：洪灵菲传》，江苏人民出版社 2016 年版。

7. 中共上海市委组织部、中共上海市委党史资料征集委员会、中共上海市委党史研究室、上海市档案馆编：《中国共产党上海市组织史资料（1920.8—1987.10）》，上海人民出版社 1991 年版。

8. 中共上海市委党史研究室编：《1921—1933：中共中央在上海》，中共党史出版社 2006 年版。

9. 龙华烈士纪念馆编：《英烈与纪念馆研究：纪念"龙华二十四烈士"殉难 90 周年专辑》，上海教育出版社 2021 年版。

10. 莫杰：《南宁史话》，广西人民出版社 1980 年版。

11. 广东省妇女联合会、广东省档案馆：《广东妇女运动历史资料》，广东省供销学校印刷 1991 年版。

12. 张秀芬、徐秀春、陈安丽：《中国共产党建政史》，大象出版社 2014 年版。

13. 许再佳：《划过夜空的红色彗星——洪灵菲文学评传》，广州花城出版社 2022 年版。

14. 中国新民主主义青年团中央委员会办公厅编：《中国青年运动历史资料（1929 年 1—6 月）》，石油部物探局制图厂印刷 1958 年版。

15. 中共上海市委党史资料征集委员会编：《上海人民革命史画册》，上海人民出版社 1989 年版。

16.《〈红旗飘飘〉选编本》第一集，中国青年出版社 1979 年版。

17. 上海市档案馆、龙华烈士纪念馆馆藏档案。

段楠画传

DUAN NAN

在革命战争年代壮烈牺牲的许多烈士，由于被捕时使用化名，他们的真实姓名多年来无人知晓。"龙华二十四烈士"中有这样一位烈士，在敌人的档案中，他叫"赵子芝"；在同志们的口中，他叫"阿刚"。直到1990年，在中央档案馆的一份简历表里，终于找到答案：他的名字叫"段楠"。

（一）接受进步思想　回乡施展抱负

1908年，段楠出生于湖南酃县（今炎陵县）河西乡（今鹿原镇）玉江村，家境殷实，从小接受了良好的教育。1924年，段楠毕业于素有"湘南名校"之称的衡阳成章中学（今衡阳市第八中学）。

段楠

今衡阳市第八中学

　　中学期间，段楠学习成绩突出，尤以作文见长，立意新颖、文笔动人，深得老师和同学们称赞。他广泛地阅读了《新青年》等进步刊物，对新思想、新文化的先驱李大钊、陈独秀等人十分崇敬，对新思想的发源地北京大学心向往之。

　　1926年，段楠考入北京大学理预科。在这里，他开阔了眼界，增长了知识，对中国革命的前途也有了明确的认识。他利用手中锋利的笔，撰写文章、抨击时政。他以火一样的热情积极投身于各种进步活动，与同乡、中国共产党早期工人运动领袖何孟

北京大学旧址

何孟雄（1898—1931），湖南酃县人。北京共产党早期组织成员，"龙华二十四烈士"之一

雄交往密切。1927年2月，19岁的段楠在北京大学加入中国共产主义青年团。

1927年冬，段楠受组织派遣，回到家乡鄱县从事革命活动。此时，鄱县有黄挪潭、九都、五都、中村、水口、下村、西乡等7个支部，有党员20余人。段楠与中共党员潘祖浩、张秉仁等一起在回龙庵创办失学青年文化补习班，向他们宣传革命理论，从中培养革命骨干，发展党团员。

据补习班学员霍星伟回忆，"学习的内容，开始学文化，讲政治课，一个晚上只能学一两个字，如'穷人要翻身''打土豪分田地'像这些字都是分好多个晚上一个一个的学，一个一个的讲。政治课主要是讲我们穷人为什么受苦，要怎样才能跃翻，土豪劣绅为什么这么富等这些内容"。

随着革命实践的不断深入，段楠的思想认识得到了进一步的发展和提升。1928年2月，段楠转为中国共产党党员。

（二）投身工农运动　战斗至死方休

正如毛泽东在《中国的红色政权为什么能够存在》一文中所述："永新、鄱县、宁冈、遂川四县交界的大小五井山区……既有民众拥护、地形又极险要的大小五井，不但在边界此时是重要的军事根据地，就是在湘鄂赣三省暴动发展的将来，亦将仍然是重要的军事根据地。"

1928年元月，根据毛泽东的指示，酃县特别区委成立，并制定酃县"四月暴动"计划。在党的领导下，酃县各地农民群众立即发动和组织起来。1928年2月中旬，根据中共酃县特别区委的指示，中共酃县西区委员会成立，段楠任区委常委。与此同时，酃县西乡游击总队也在潘家祠堂正式成立，有200多名农民手持刀枪参加了成立大会。西乡游击总队下设5路指挥，潘祖浩任总指挥，张秉仁任秘书长，段楠任游击队第三路（一说第四路）指挥。

1928年3月，毛泽东为策应湘南起义部队上井冈山，指挥工农革命军分三路进军酃县，前往湘南。出发前毛泽东写了一封亲笔信给酃县特别区委，要求一是要发动贫苦农民加入斗争，二是提前发动农民暴动以策应工农革命军。随即，酃县特别区委遵照毛泽东的指示，在黄挪潭召开紧急会议，要求各地做好准备。

3月9日，酃县黄挪潭打响了农民"三月暴动"的第一枪，武装暴动如燎原烈火般在酃县东、南、西三乡开展起来。在西乡，数千名农民手持梭镖、鸟铳和大刀，在潘祖浩、段楠等人的带领下，严惩当地土豪劣绅，没收地主老财的粮财分给贫苦农民。在农民暴动的有力配合下，工农革命军一举攻下酃县，为湘

西乡游击总队指挥部旧址——潘家祠

南起义部队经郿县向井冈山转移创造了条件。

1928年4月中旬，朱德率部到达西乡，段楠与潘祖浩等组织群众热情接待。朱德在听取了西乡斗争情况的汇报后，决定出其不意痛击当地土豪劣绅。第二天，湘南起义部队和西乡游击队开赴天平，在水连庵一战，击退了大豪绅张俊山、刘志文的反动武装，大大提高了游击队士气。朱德部队离开西乡时，把缴获的部分枪支弹药送给了西乡游击队。此后不久，西乡游击队发展到1600余人。

革命运动的发展，震惊了国民党反动派。1928年5月，湘

鄘县"三月暴动"使用过的梭镖、大刀、匕首、土炮、镰刀等

敌吴尚第八军的张敬兮团，奉蒋介石之命"追剿"朱德部队。与此同时，鄘县县长陈应时在国民党省政府的指示下，纠集各地反动武装，组织了"鄘县清乡委员会"，在全县大搞"清乡"活动，到处张贴通缉令，对共产党员、游击队员及其家属，进行血腥屠杀。段楠、潘祖浩等都被列入了县"清乡"委员会通缉令的名单。

霎时，白色恐怖笼罩了全鄘县，仅斜赖渡、团溪等4个村庄就有100多人被杀害。段楠年过半百的双亲，被残酷地剖腹挖心，惨死在敌人的屠刀之下。经过这场血与火的磨炼，年轻的段楠变得更加坚强。由于家乡革命转入低潮，他不得不含恨离开家乡。他叔叔知道段楠此去很难再回来，不由黯然泪下。段楠见状忙安慰说："叔叔，我会注意保护自己的，我不会出问题的。"接着他又严肃地说："干革命说不得没有牺牲，但前头牺牲了，后面的又会跟上来，革命总有一天会成功。"

1929年，段楠经过千里跋涉，辗转到了当时中共中央所在地——白色恐怖笼罩下的上海，与何孟雄取得了联系。他先是担任沪中区委秘书，同年8月，调任沪东区委秘书，在巡捕密探遍

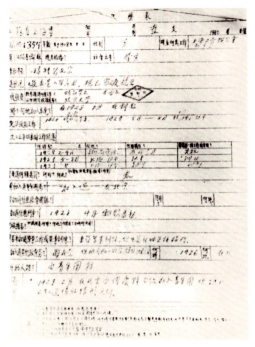

段楠（阿刚）的干部登记表

布的环境下，出色地完成了各项工作。

　　1929年6月，因上海总工会不能公开活动，中共江苏省委决定成立上海工会联合会。工联会是上海工人的联合组织，上海总工会则参加工联会的工作，以上海工联会的名义继续在工人中开展艰苦的宣传与组织工作。同年9月，段楠调到上海工会联合会任秘书等职。

　　1931年1月17日下午，为了讨论党的六届四中全会有关问题，段楠到天津路中山旅社6号房间出席会议，被租界工部局巡捕逮捕，关押在老闸捕房，就义时年仅23岁。

段楠大事年表

1908 年　出生于湖南酃县（今炎陵县）。

1924 年　毕业于衡阳成章中学。

1926 年　考入北京大学理预科。

1927 年 2 月　参加中国共产主义青年团。

1927 年冬　回到酃县进行革命活动。

1928 年 2 月　加入中国共产党。

1928 年　参与建立中共酃县西区委员会和酃县西乡游击队，任区委常委和游击队第三路指挥。

1928 年 3 月　参与酃县"三月暴动"。

1929 年　先后任上海沪中区和沪东区委秘书。

1929 年 9 月　任上海工会联合会秘书。

1931 年 1 月　在上海中山旅社被捕。

1931 年 2 月　在龙华国民党淞沪警备司令部刑场就义。

主要参考文献

1.《毛泽东选集》第一卷，人民出版社 1991 年版。

2. 中共上海市委党史研究室、上海市民政局编:《上海英烈传》(第七卷)，上海翻译出版公司 1991 年版。

3. 湖南省炎陵县档案史志局编著:《二十世纪湖南炎陵人物》，广东人民出版社 2013 年版。

4. 炎陵县档案史志局编:《丰碑:炎陵县革命遗址览胜》，湘新出准字［2012］第 50 号。

5. 中国井冈山干部学院编著:《井冈山斗争时期的县委机构——中国共产党酃县县委》，中国发展出版社 2015 年版。

6. 株洲市地方志编纂委员会编:《株洲市志·人物》，湖南出版社 1997 年版。

7. 株洲市总工会主编:《株洲工人运动史》，中国工人出版社 2018 年版。

8. 上海市黄浦区总工会:《百年红色工运　上海市黄浦区域内工人运动、工会组织发展史》，上海社会科学院出版社 2021 年版。

9. 鄞县志编纂委员会编:《鄞县志》,中国社会出版社 1994年版。

10. 龙华烈士纪念馆:《英烈与纪念馆研究:纪念"龙华二十四烈士"殉难 90 周年专辑》,上海教育出版社 2021 年版。

FEI DAFU

费达夫画传

他生长于上海，就读于工部局立学校，却不愿在虚幻中沉沦。覆巢之下安有完卵。他选择革命，选择抗争，选择与被压迫的苦难同胞一起，为梦想中独立富强的祖国而奋斗。

（一）觉醒于五卅狂飙

1907 年，费达夫出生于上海工厂林立的杨浦（沪东）区。杨浦之名，由杨树浦演化而来。"杨树浦"是河道名、路名，也是区域俗称和行政区划名，还曾经是码头名称。

20 世纪初，随着杨浦工业化、城市化的推进，区域内人口持

以费达夫烈士为原型创作的版画（龙华烈士纪念馆陈列）

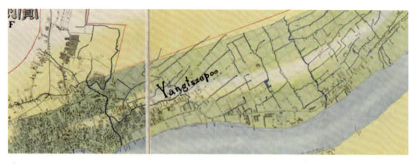

民国二年（1913 年），商务印书馆实测上海城厢租界地图中的 Yangtszepoo（杨树浦）

续高速增长，成为上海产业工人最集中的区域之一。每天早晨和傍晚，马路上熙熙攘攘，都是手里提着饭篮，来来往往上工下班的人们。

费达夫幼年住在八埭头一带。八埭头最早因为在韬朋路（今通北路）建了八排两层砖木结构里弄而得名，是供工人、小贩和低级职员居住的地方，逐渐发展成杨浦最早的商业街区和工业园区。

费达夫家在韬朋路上经营一家小小的豆腐店，家里兄弟姐妹四人，费达夫是长子。他曾在八埭头读私塾，之后就读于工部局立聂中丞华童公学——一所以英文教学为主的西式学校，注重职业教育。

在聂中丞华童公学，中国进步教师和学生为争取平等权利的

龙华二十四烈士画传补编

1900 年杨树浦路街景

费家老宅

聂中丞华童公学

费达夫用过的字典

努力从来没有停止过。1925年，以中国工人顾正红被日本工头枪杀为导火索，五卅运动从上海开始，席卷全国，震动世界。中国共产党领导的"三罢"（罢工、罢市、罢课）斗争在沪东开展得轰轰烈烈，恒丰、老怡和、新怡和、东方纱厂等纺织工人相继关车罢工，工人们到杨树浦路、韬朋路、扬州路、大连湾路、榆林路等的主要路口开展罢工宣传，在八埭头演讲、募捐、散发传单，动员各商店的商人罢市。包括聂中丞华童公学在内的工部局四公学组成学生联合会，参与了这场伟大的运动。

《民国日报》和《时事新报》中关于工部局四公学学生运动的报道

工部局立公学学生联合会罢课游行

五卅运动给青年费达夫带来了强烈的冲击和心灵的洗礼。他开始重新审视他所熟悉的环境，在"热闹"的街区背后，是无数贫困同胞的痛苦深渊。心痛于工人的苦难生活，对工人阶级的力量、中华民族的屈辱和中国知识分子的抗争精神有了更深的认识后，费达夫在罢课、义演、发表宣言等活动中表现积极，很快成为学生中的代表，因此遭到学校当局开除。然而，他并不气馁，他找到了新的希望和方向——加入中国共产党。

（二）投身于工人运动

1925 年，一所为纪念孙中山先生而建立的专门招收中国进步青年的苏联高等院校——中国劳动者孙逸仙大学成立（俗称莫斯

莫斯科中山大学旧址，莫斯科沃尔洪卡大街 16 号

科中山大学，以下简称中大），学生由中国共产党和国民党共同选派。

1926 年下半年，莫斯科中山大学开始招录第二期学生，主要有考试录取和直接推荐两种方式，学制为两年（从 1927 年入学新生开始，学制改为三年）。为了提高生源质量，从第二学期开始，中大招生工作制定了更加完善的原则，比如入选者应有不少于一年的革命工作经验；可在农民、手工业者、劳动知识分子、城市贫民子弟中招收，若在富裕家庭子弟中选择学员，则只有那些在 1925 年上海罢工事件前已经参加革命运动或群众组织，有一定经验的革命者可以破格入选；需达到中等教育水平，并取得毕业证书，学生应掌握一门属欧洲语系的语言等。参照上述条件，费达夫基本符合要求。

当时，去留学的所有费用都是苏联方面支付的。尽管苏联国内的经济形势并不好，但是苏联政府给予中国留学生的照顾和优待，给中国学生留下了深刻的印象。在课程开设方面，除了强化俄语速成和偏重政治理论之外，学校也非常重视军事教学，包括各类军事知识和武器知识。1928 年起，学校会组织学生到部队实地参观并进行军事训练。

费达夫在校期间，同时或者先后在中大学习的有王明、张琴秋、蔡博真、伍仲文、宋逢春、恽雨棠等。1927 年，中国国内革命形势发生巨变，国民党右派突然发动了反革命政变，远在莫斯科的中大学生之间的争论和对立也日益激烈。随着国共双方彻底决裂，在中大的国民党方面选派的学生陆续退学回国。昨天还是亲密的朋友，今天可能已经是站在对立面的敌人，不断变化的革命形势让费达夫认识到了斗争的残酷性。1928 年 9 月，中国劳动者孙逸仙大学正式更名为中国劳动者共产主义大学（中国学生仍然习惯称之为莫斯科中山大学）。

1928 年 6 月，中共六大在莫斯科近郊举行，产生了新一届中央政治局。会议明确把党的工作中心从组织暴动转向从事长期艰

上海各界群众在南市公共体育场集会，抗议军队暴行

中共六大会址

苦的群众工作，制定了争取群众的总路线。在此之后，党的工作重心仍在城市，在争取工人阶级的策略上，强调深入群众，加强基础工作。1928 年下半年，费达夫完成两年的学习，回到上海，在白色恐怖中投入恢复党组织的艰苦工作中。

　　生于斯长于斯的费达夫，熟悉沪东这片土地，对这片土地的苦难有着更深的理解。20 世纪 20 年代，沪东发展成为工厂林立、厂房密布、产业工人集中的地区。日工做到两头黑，夜工做到两头亮，是一句近代沪东俗语。

难民集中的沪东棚户区

　　四一二反革命政变之后，工人生活更加贫困，纱厂工人是其中的典型代表。纱厂工人大多来自贫困的农村，每天都随着机器的驱动，重复着单调而繁重的劳动，从早到晚，没有片刻的休息，每天工作 12 小时以上，最多的长达 16 个小时，工资最低却只有一两毛钱，连基本生活都难以维持。

　　1929 年，为贯彻落实中共六大会议精神，中共江苏省委按照中共中央指示，着手成立上海工会联合会。1929 年 6 月 18 日，上海工会联合会发布成立宣言，逐渐代替上海总工会公开活动，各区也先后成立新的区工会联合会，作为市工联的下属机构。

工人在外国监工
的监视下劳动

日商纱厂童工

1930 年 10 月，费达夫任沪东工会联合会主任，直至 1931 年 1 月被捕。这一时期，组织不断遭到破坏，市工联在十分困难的情况下，按照行业推动成立各个产业总工会，包括市政、丝织、码头、五金、纱厂、烟厂、印刷等。费达夫在担任沪东工会联合会主任期间，还担任纺织工会执行委员会委员。他深入沪东的各个工厂，特别是纱厂工人当中，进行了积极而有效的工作。

（三）世间回荡英雄名

不幸的是，1931 年 1 月 17 日夜，费达夫在华德路（今长阳路）明园坊住所被捕。费达夫被押送到汇山捕房，登记姓名为费德甫，24 岁，职业为小学教员。

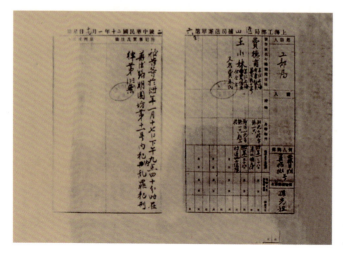

上海工部局捕房的送审单

1月23日，费达夫被转解到龙华国民党淞沪警备司令部。他的父母得知消息后，忧心如焚，却求告无门。时值寒冬，他们辗转来到龙华监狱，给孩子送去被子，却只有短短的一面便再难相见。1931年2月7日，费达夫和林育南、何孟雄、恽雨堂、蔡博真、伍仲文等同志一起在龙华被枪杀，年仅24岁。

在莫斯科中山大学一同留学的宋逢春，曾亲见烈士牺牲后家人的悲痛：

　　1931年春，我到上海住在沪东，曾去过他家。我一进豆腐店门，看见一位老妈妈坐在灶前，正拉风箱烧火煮豆腐。我走上前去，恭恭敬敬地喊了一声：

　　"费伯母！达夫在家吗？"

　　她老人家慢慢地抬起头来，凝视着我，等了一会儿，才摇摇头。她一个字也说不出来，低下头，眼泪连珠似地滴在衣襟上。

　　……

　　没过几天，我也被捕关进了龙华看守所，才知道费达夫参加了上海苏维埃代表大会，被捕后就牺牲在龙华这个屠场里。

　　费达夫用年轻的生命谱写了一曲壮烈的乐章，留给家人无尽的思念。如今，在上海市杨浦区的市东实验学校（聂中丞华童公学旧址）内树立了永久的纪念设施——费达夫烈士雕塑，供后人瞻仰。

费达夫大事年表

1907 年　出生于上海杨浦（沪东）。

1925 年　就读于聂中丞华童公学。参加五卅运动，后加入中国共产党。

1926 年　赴莫斯中山大学学习。

1928 年　回国，在上海从事工人运动。

1930 年 10 月　任上海工会联合会沪东办事处主任。

1931 年 1 月　在华德路（今长阳路）明园坊被捕。

1931 年 2 月　在龙华国民党淞沪警备司令部刑场就义。

主要参考文献

1. 中国共产党杨浦（沪东）史编写组：《中国共产党杨浦（沪东）史 1921—1949》，上海人民出版社 2011 年版。

2. 中共杨浦区委组织部、中共杨浦区委党史办公室、杨浦区档案局编：《奋斗——中共沪东地区斗争史（一九二三·七——一九三七·七）》，上海远东出版社 2000 年版。

3. 龙华烈士纪念馆编：《烈士与纪念馆研究（第四辑）》，上海人民出版社 2000 年版。

4. 中共上海市委组织部、中共上海市委党史资料征集委员会、中共上海市委党史研究室、上海市档案馆：《中国共产党上海市组织史资料（1920.8—1987.10）》，上海人民出版社 1991 年版。

5. 中共中央党史研究室、中央档案馆编：《中共党史资料（第 73 辑）》，中共党史出版社 2000 年版。

6. 罗苏文：《高郎桥纪事——近代上海一个棉纺织工业区的兴起与终结（1700—2000）》，上海人民出版社 2011 年版。

7. 龙华烈士陵园史料陈列室编：《龙华革命烈士史迹选编》，

上海人民出版社 1980 年版。

8. 上海市档案馆编：《上海工会联合会》，档案出版社 1989
年版。

9. 张誉馨、李燕：《莫斯科中山大学与中共早期留学干部的
产生》，《西伯利亚研究》2017 年第 44 卷第 1 期。

10. 陈修良著：《陈修良文集》，上海社会科学院出版社 1999
年版。

11. 中共上海市委党史办公室编：《1921—1933：中共中央在
上海》，中共党史出版社 2006 年版。

12. 中共中央文献研究室、中央档案馆编：《建党以来重要文
献选编（1921—1949）》第 6 册，中央文献出版社 2011 年版。

13. 李次山：《上海劳动状况》，《新青年》1920 年第 7 卷第
6 号。

14. 上海市黄浦区总工会：《百年红色工运　上海市黄浦区
域内工人运动、工会组织发展史》，上海社会科学院出版社 2021
年版。

15. 陆米强：《现代革命史料研究文集》，上海社会科学院出
版社 2005 年版。

16. 江文君：《百年传奇：从聂中丞华童公学到市东中学》，
《上海教育》2016 年第 18 期。

17. 李晓栋：《沪东风云》，上海交通大学出版社 2017 年版。

18. 许风霜：《二十世纪二十年代留苏教育研究》，华中师范大学硕士论文。

19. 中共上海市委党史研究室编：《中国共产党在上海 85 年图志》，上海人民出版社 2006 年版。

汤仕伦 汤仕伦画传

TANG SHIQUAN TANG SHILUN

在龙华二十四烈士当中，有两位江苏如皋籍的烈士——汤仕佺、汤仕伦，他们是兄弟，是战友，辗转于如皋和上海之间，为如皋农民武装队伍的发展贡献了力量。他们的名字永远铭刻在红十四军的丰碑上。

（一）长江北岸　兄弟携手干革命

汤氏兄弟家在如皋江安东燕庄。汤仕佺（一说宣），又名益生，在家排行老三，1905年出生。两年之后，老四汤仕伦也呱呱坠地。汤仕伦，字叙五，曾化名李秀生、李修来、周发等。

如皋当地的文化教育，特别是师范教育和实业教育，在民国初年得到较快的发展，农村小学也比较普遍。汤仕佺小学毕业后

汤仕佺画像　　　　　　　汤仕伦画像

曾上过中学。汤仕伦在江安第六国民学校毕业后，曾就读于如皋乙种工业学校，后因经济困难，中途退学。

汤仕伦尽管是家中最小的孩子，但是从小就有主见，是个孩子王，再加上成绩优秀，很受老师和同学的喜爱。从如皋乙种工业学校辍学居家期间，许多人来请他帮忙教小孩子念书识字。1925年，汤仕伦被推荐参加当地小学教员的测试，顺利通过后，他被派到马家庄小学当教员。在学校里，汤仕伦与如皋地区一批具有民主进步思想的青年人有了深入的交往。

如皋位于长江以北，靠近入海口，距离上海市区直线距离只有200公里左右，是近代上海工业重要的原料生产地和产品销售地。受地理环境和近代工业发展的影响，当地经济还算富裕，但是贫富差距巨大，苦于大地主豪绅剥削的贫苦民众，斗争意识非常强烈。早在1921年前后，如皋一部分进步学生就发起成立了"平民社"等团体，研究社会问题，寻求社会改革的道路，马克思主义得到传播。

1925年，上海发生了五卅惨案，如皋学生联合会立刻组织成立了惨案后援会，6月30日在如皋县发动了万人市民大会，会后示威游行，号召罢课罢市。那一年，汤仕伦18岁，汤仕佺20岁，他们在学生运动中受到了深刻的革命教育。

中共江浙区委抓住时机，在上海举办暑期讲习会，如皋师范

在鄂家埭小学遗址（位于今江安镇鄂埭村）树立的中共如皋支部遗址纪念碑，由支部创始人陆景槐题写"中共如皋第一个支部遗址"

学生陆景槐（陆植三）等在讲习会学习期间被发展入党。回到如皋后，陆景槐根据党组织的要求，积极发展党员。1926 年 10 月，中共如皋支部在如皋鄂家埭小学建立，陆景槐任书记。

在与同校进步教师的交往中，汤仕伦对自己熟悉的生活开始了反思，积极投入社会活动中。当时，鸦片传入如皋，汤仕伦看到许多人因为吸食鸦片而面黄肌瘦，家庭不和，有的甚至沦为窃贼。为了挽救这些濒临破碎的家庭，他到处宣传鸦片的危害，用自己微薄的收入帮助举办戒烟所。戒烟所前后一共办了 3

期，每期有 20 人左右。汤仕伦的这种奉献精神和良好的社会活动能力正是党组织所需要的，1926 年冬，汤仕伦由陆景槐介绍入党。

1926 年，国民革命军一路北上，势如破竹，党领导的如皋农民运动风起云涌。然而，胜利的喜悦没有持续多久，蒋介石在上海发动四一二反革命政变，革命形势迅速逆转。在变幻莫测的革命环境下，坚定的共产党员没有退缩，他们根据党组织的指示，投入新的战斗中。1927 年 7 月，中共如皋县委成立，并根据省委

1927 年初，如皋党组织的活动地点转至位于如皋城西南角的福成庵，之后，县委机关在此成立。图为在福成庵原址南侧（今如皋市如城街道健康桥北西侧）建造的"中共如皋县委诞生地纪念墙"

的指示积极工作，成立了总工会、人力车工会、店员工会等，农民协会更加广泛地建立起来。

1927 年 8 月 1 日，南昌起义正式打响了中国共产党武装反抗国民党反动派的第一枪，全国进入土地革命战争时期。1927 年下半年，江苏省委决定成立南通特区委员会，领导包括南通、如皋等地在内的武装斗争。南通特委正式成立之前，武装起义的准备工作一直在进行。1928 年 4 月底，起义在泰兴和如皋首先发动。汤仕伦在这一时期加入了中国共产党。

此时的汤仕伦已经结婚生子。在传统农村，汤仕伦也到了说媒娶妻的年纪。但是无论家人怎么催促，汤仕伦有着自己的想法，他对家人说，革命不成功便不结婚。尽管汤仕伦很喜欢孩子，经常抱着哥哥们的孩子玩闹，但是他为革命终生坚守了自己的誓言。

（二）领导农运　武装斗争显身手

1928 年 1 月，中共江苏省委制定《江苏各县暴动计划》。4 月，时任中共江苏省委兼农委书记王若飞秘密到如皋指导工作。他召集如皋党组织的负责干部开会，讨论了暴动的准备工作。根据会议指示精神，4 月中旬，如皋、泰兴两县县委举行联席会议，决定在 5 月 1 日同时暴动，相互策应。

首攻文武殿遗址纪念碑（今如皋搬经初级中学内）

　　在如皋，县委将暴动重点工作部署在西乡，具体组织工作由县委委员徐芳德负责，他当时公开的身份是周严墩小学校长。4月30日，听闻泰兴已经发动暴动，徐芳德迅速带领队伍，首先进攻驻文武殿敌警察队，缴获了若干武器，暴动队伍声威大震。

　　5月1日，县委委员吴亚苏、苏德馨和汤仕伦、汤仕佺等带领队伍先后到达朝西庄，举行了三千人的誓师大会。徐芳德代表县委宣布，"共产党领导的如皋农民起义开始了"，高呼"土地归农民""建立工农兵苏维埃"等口号。之后，暴动队伍编成四队，分南北两路出发。南路约2000人，由徐芳德、汤仕伦等人率领。暴动队每攻打下一处地主庄园，都发动周围农民分衣分粮。暴动队伍在周庄头与地主保卫团相遇，智歼保卫团，缴获步枪、土枪、土炮等许多武器。北路也同样取得了胜利。

5月2日，如皋暴动队伍继续行动。两路队伍在朝西庄会师，在周严墩小学召开大会，宣布成立如皋县苏维埃政府。当时参加暴动的农民武器十分落后，暴动成功后武器装备也获得了更新，有一首民谣比较生动地反映了当时的情况：

棒头棍子换步枪，

洋油桶里放爆竹，

单声爆竹当步枪，

连串爆竹当机枪，

打得敌人都缴枪。

如皋农民暴动队伍虽然取得了一定的胜利，但是由于缺乏经验，低估了地主阶级的实力，在对抗国民党警察大队的袭击中，因敌我力量悬殊而最终遭遇失败，暴动领导成员大多被迫转移到上海、南通。徐芳德留在如皋，转移到南乡镇涛区。

一时之间，如皋被血雨腥风笼罩，被害者数百人，汤仕伦和县委的主要成员被通缉。中共江苏省委得知如皋五一暴动的情况后，由王若飞召集在沪的如皋同志开会，传达了省委指示精神——在沪同志一律回家乡继续斗争，吴亚苏接任如皋县委书

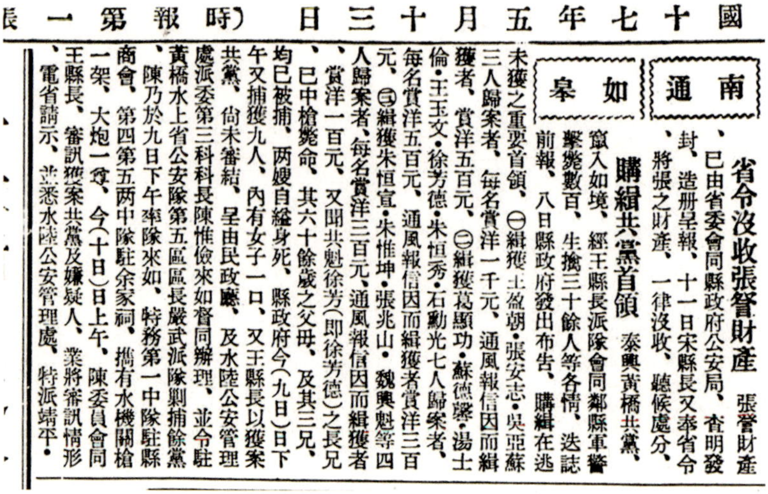

國十七年五月十三日　時報)　第一張

南通

省令沒收張謇財產　張謇財產、已由省委會同縣政府公安局、查明發封、造冊呈報、十一日宋縣長又奉省令、將張之財產、一律沒收、聽候處分、

如皋

購緝共黨首領　泰興黃橋共黨、竄入如境、經王縣長派隊會同鄰縣軍警、擊斃數百、生擒三十餘人等各情、迭誌前報、八日縣政府發出布告、購緝在逃未獲之重要首領、㈠緝獲王盆朔·張安志·吳亞蘇三人歸案者、每名賞洋一千元、通風報信因而緝獲者、賞洋五百元、㈡緝獲葛顯功·蘇德擧·湯士倫·王玉文·徐芳德·朱恒秀·石勳光七人歸案者、每名賞洋五百元、通風報信因而緝獲者賞洋三百元、㈢緝獲朱恒宣·朱惟坤·張兆山·魏興魁等四人歸案者、每名賞洋三百元、通風報信因而緝獲者、賞洋一百元、又聞共魁徐芳(即徐芳德)之長兄、已中槍斃命、其六十餘歲之父母、及其三兄、均已被捕、兩嫂自縊身死、縣政府今(九日)日下午又捕獲九人、內有女子一口、又王縣長以獲案共黨、尚未審結、呈由民政廳、及水陸公安管理處派委第三科科長陳惟儉來如督同辦理、並令駐黃橋水上省公安隊第五區區長嚴武派隊剿捕餘黨、陳乃於九日下午率隊來如、特務第一中隊駐縣商會、第四第五兩中隊駐余家祠、攜有水機關槍一架、大炮一尊、今(十日)日上午、陳委員會同王縣長、審訊獲案共黨及嫌疑人、業將審訊情形、電省請示、並悉水陸公安管理處、特派靖平•

汤仕伦等人被通缉的报道

记。汤仕佺、汤仕伦兄弟接到消息后，不顾危险立即动身，回家乡投入新的战斗。

他们先是通过交通员找到隐蔽在镇涛区的徐芳德，汤仕伦留在镇涛协助县委重建工作，任县委委员；汤仕佺返回西乡，任西乡区委书记。在这一时期，兄弟两人的主要工作是筹款购买枪支武器。

在 1928 年 8 月前后，如皋县委在镇涛区组建了游击小组，对外称中国工农红军江北总指挥部。9 月 17 日，汤仕伦与徐芳德等人一起，带领新建立的游击小组攻打国民党九华山公安分局，

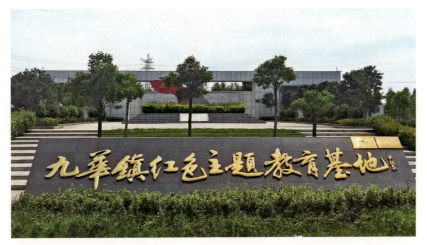

镇涛部分地区今属如皋九华镇

毙敌4人，缴枪4支，银元若干。之后，游击小组又先后攻打吴窑、下原等地的国民党公安分局，镇压大地主恶霸。镇涛区发展成为继西乡之后的又一个革命中心区域。

1928年6月在莫斯科召开的中共六大，根据中国革命实际情况调整了党的工作方针，明确党在当时的总任务不是普遍地组织暴动，而是争取群众，准备新的革命高潮的到来。大会上还提出组建红军，建立农村革命根据地，实行土地分配。六大决议在1928年的秋天传达到通海如泰地区。

1928年秋天，南通特区委员会正式成立，统一领导南通、海门、启东、如皋、泰兴、泰县、靖江、东台等八县的革命斗争。

同年11月，特委召开了通、如、海、启、泰（兴）、靖六县县委联席会议，要求各县都能组织一支领导农民进行武装斗争的骨干队伍，会议确定当时农民运动的中心是南通、如皋、启东三县。如皋地区党的工作，快速恢复和发展。

这一时期，吴亚苏、徐芳德、汤仕伦、汤仕伀等同志的活动地主要在南乡镇涛区和西乡起义地区。在他们的领导下，这一带的农民斗争，气势磅礴。当时，这一带农村流传着一首"穷人要共产"的民歌：

天上没有云，落雨落不成；
地上没有土，五谷不生根；
穷人不共产，永世不翻身！

不幸的是，1929年1月9日，时任如皋县委书记的徐芳德被捕。汤仕伦兄弟听闻消息，立刻赶到贾家巷，组织农民群众，准备在路上拦截。敌人获悉后，火速把徐芳德直接押解至县城。1月27日徐芳德被国民党反动派杀害于如皋县城北门。

徐芳德的牺牲，让汤氏兄弟异常悲愤。在如皋县委的几位同志当中，汤仕伦入党较早，在当地影响力又比较大，在县委组织机构突遭破坏的情况下，汤仕伦被任命为新一任如皋县委书记，

《时报》上徐芳德被捕的消息，其中提到"中共如皋县委"和"中国工农红军总司令部江北总指挥"两枚印章

南通特委委员吴亚苏回县协助工作。[1]临危受命的汤仕伦与哥哥汤仕佺一起，在白色恐怖之下全力恢复如皋党的工作，特别是进一步发展壮大了党的武装力量。

1929年3、4月间，在如皋县委的努力下，镇涛红军游击队成立，共有50多名队员。游击队成立当天，队员都当场领到一

---

[1] 这一时期，南通特委下辖两个中心县委——南通中心县委和如泰中心县委。参考《中国共产党江苏省南通市组织史资料（1926—1987）》，中共党史出版社1991年版，第22页以及烈士传记。

寸宽、三寸长的毛红布符号。这个毛红布符号，就是红军游击队的身份和活动标志。

　　游击队成立后的第一仗是 4 月 11 日，汤仕伦带领 10 多名队员，到地主李昌泰（一说太）家缴枪，缴获了 4 支德国造的短枪以及弹药。首次缴枪，大获全胜，游击队员们情绪高涨。此后又陆陆续续缴获了一批武器。

　　镇涛红军游击队很快就遭到了国民党江苏省警察总队的"围

剿"。4月下旬，汤仕伦与游击队领导成员获悉敌人将分三路进攻镇涛，当即决定避其锋芒，减少不必要的牺牲。他们分散隐蔽，在群众的掩护下，巧妙避开敌人搜寻，为在河网地带开展游击战积累了宝贵的经验。敌人搜寻五天毫无所获，悻悻而退。

汤仕伦精力充沛，意志坚韧，工作起来有异乎常人的劲头。一次他在卢港北部活动，隐藏在一处染坊里，昼伏夜出，白天就睡在染缸上方的架子上。染坊虽然早就停工了，但是染料气味仍然冲鼻难闻，有些同志受不住，汤仕伦就拍拍同伴，说：耐住性子，马上就惯了，染匠整天搅水翻缸都不怕臭，时间一长就像闻不见了。当同志们醒来，已近黄昏，见汤仕伦不知什么时候已在打着手电筒写东西了。

1929年的五一节前，汤仕伦带领着一些同志连夜赶印传单，准备在五一节清晨散发到镇涛至宣家堡的广大地区。当印传单到深夜两点钟的时候，很多同志手腕发酥，印到油印纸上的字迹开始模糊，汤仕伦发现后坚持重新撑好了蜡纸，一直印足了需要的数量，分封包裹好。在汤仕伦看来，这些传单将要产生的影响是深远的。

1929年6月，中共江苏省委决定调汤仕伦去上海工作，由韩铁心接任如皋县委书记。这一时期，如皋的农民斗争正开展得如火如荼。虽然舍不得父老乡亲，但是汤仕伦仍然表示，坚决服

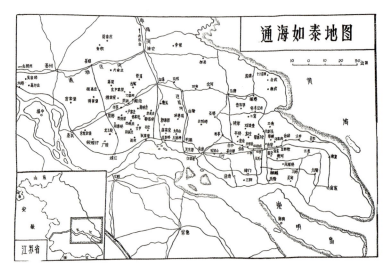

《回忆红十四军》中的"通海如泰地图"

从组织安排，并耐心细致地与韩铁心完成工作上的交接后，才踏上去沪的行程。之后，在1929年的下半年，汤仕伾也调往上海工作。

（三）地下斗争　取义成仁终不悔

1929年6月，南通特委在如皋镇涛召开如皋、泰兴、泰县三县县委联席会议，会议决定把如泰地区的红军游击队集中编队。同年8月，在如皋西乡宝庆寺召开大会，成立如泰工农红军，镇涛红军游击队成为其中的一支中队。至1929年底，如泰红军开

如泰工农红军建军遗址纪念碑
（今如皋江安高级中学校园内）

辟了南到江边，东到镇涛，西至季家市、黄桥以西，北到通扬运河的大块游击区，红军游击队和农民武装发展到两千多人。

如皋红军游击区一步步发展壮大，汤家两兄弟参与了其中的艰苦斗争。他们是本乡本土人，身份极易暴露，家人也因此受到反动政府的拘捕。1929 年 6 月 24 日《申报》就曾发布汤仕俊（汤仕伦之兄）被捕的消息。

1929 年 6 月 24 日
《申报》报道

兄弟两人在 1929 年下半年先后抵达上海工作。1929 年的上海同样笼罩在白色恐怖中。汤仕伫和汤仕伦兄弟俩在党的领导下，积极开展宣传工作。他们根据中央和省委的宣传口径，负责写标语、制传单，到车水马龙的南京东路以及剧场、影院等人流量大的公共场所去散发传单。同时，兄弟两人成为如皋党组织在上海的重要交通员。

1929 年 11 月，中共江苏省第二次代表大会在上海公共租界召开，周恩来、陈云、何孟雄、李硕勋等同志出席会议。通海如泰地区的负责同志参加会议并汇报了如泰红军的工作，受

如皋贲家巷红十四军建
军纪念碑

到了高度的肯定。同年冬，党中央决定成立中国工农红军第十
四军。

江苏是国民党统治中心，红十四军的建立是在敌人眼皮子底
下插入一根钢钉，省委格外重视，不仅派出大批擅长军事的领导
成员到如皋开展具体工作，还专门成立了红十四军驻沪交通联络

处，汤家兄弟在其中协助完成了多数具体工作。汤仕伦的女儿汤玉兰回忆，母亲曾对她说，父亲坐运猪船回来（如皋）时，秘密带回了匣子枪等武器。

1930年4月3日，通海特委和红十四军军部在如皋西南乡贲家巷召开大会，有数万军民参加，红十四军正式宣布成立。随着军事斗争的胜利发展，通海如泰地区的许多乡、村都成立了苏维埃政权，称工农革命委员会，迅速地开展了土地分配工作。红十四军的斗争和土地革命的消息，不断传到上海，引起了文艺界的注意，中国左翼联盟作家胡也频、丁玲等曾到红十四军驻上海的秘密办事处采访，搜集关于红十四军的材料。

在白色恐怖下做秘密工作，即使再谨慎，也要做好被捕牺牲的准备。1930年上半年，汤仕伦曾被捕，关押在提篮桥监狱，在狱中认识了《红旗》报交通员唐虞。

1930年9月底，通海如泰革命根据地的斗争已经失败。到了1930年底，革命形势愈发危急。临近春节，汤仕佺的妻子带着女儿来上海看他，之后很快便返回了如皋，不想竟成永别。

1931年1月17日夜半，工部局巡捕悄悄包围了华德路鸿运坊（今长阳路503弄）152号汤仕佺的住处，并从他的房里搜出左联的文件。汤仕佺谎称自己叫王阿金，28岁，江苏扬州人，在上海做小工讨生活。他被押送到汇山捕房。汤仕佺被捕之后，敌人彻夜搜捕，在次日凌晨 1 时 30 分左右，在上海华德路同兴里（昆明路）325 号抓捕了汤仕伦。根据提前准备好的说辞，汤仕伦称自己名叫黄崑，24 岁，南京人。他也被押送到汇山捕房。之后，经国民党江苏省高院二分院审理，案件移交到国民党上海市公安局。很快，他们与其他被捕同志一同被转解到龙华国民党淞沪警备司令部的看守所。

在龙华看守所，汤仕伦和费达夫、黄理文（时任中共江苏省外委委员）等人被关在一处。大家凑在一起，纷纷猜测这次被捕，有可能是组织内出现了叛徒，而这个叛徒很有可能是唐虞。汤仕伦也认为这个可能性非常大。因为敌人在审问时，几乎没有问他任何问题，直接让他把手伸出来。汤仕伦的手有一个显著的特点，他有一根手指在如皋作战时被打断，而关于这一截手指的往事，汤仕伦平时很少提起，但是和唐虞一起被关押在提篮桥监狱的时候讲过这个故事。敌人显然已经清楚地掌握了他的身份和特点。

身份的暴露使得汤仕伦已无生还的可能。尽管知道自己的被捕是因为党内出现了告密者，但是，被捕的革命者对党和革命事业的忠诚初心不改，他们没有一个人出卖党的秘密。汤仕佺有着与汤仕伦极其相似的面貌，相同的口音，相近的习惯，不同的是汤仕佺比较高，汤仕伦则是中等身材。最终，兄弟二人一同牺牲在龙华的刑场。

汤仕佺大事年表

1905 年　　出生于江苏如皋。

1928 年　　加入中国共产党。

1928 年 5 月　　参与如皋五一农民暴动。

1928 年　　任中共如皋西乡区委书记。

1929 年底　　调往上海工作，后任红十四军干部。

1931 年 1 月　　在华德路鸿运坊被捕。

1931 年 2 月　　在龙华国民党淞沪警备司令部刑场就义。

汤仕伦大事年表

1907 年　出生于江苏如皋。

1925 年　到马庄初级小学任教，参加革命活动。

1926 年冬　加入中国共产党。

1928 年 5 月　参与组织和领导如皋五一农民暴动。

1928 年 7 月　当选为如皋县委委员。

1928 年 9 月　参与组织攻打国民党九华山公安分局。

1929 年 1 月　任中共如皋县委书记。

1929 年 4 月　参加镇涛红军游击队成立大会。

1929 年 6 月　调往上海工作。

1931 年 1 月　在华德路同兴里（昆明路）被捕。

1931 年 2 月　在龙华国民党淞沪警备司令部刑场就义。

主要参考文献

1. 中共如皋市委编:《血沃春泥 高沙土上前仆后继的八位县委书记》,中共党史出版社 2014 年版。

2. 中共江苏省委党史工作办公室:《中共江苏地方简史(1921—2012)》,中共党史出版社 2013 年版。

3. 中共南通市委党史工作委员会编:《江海奔腾:1919—1937 年南通地区革命斗争回忆录》,上海社会科学院出版社 1989 年版。

4. 中共江苏省委组织部等编:《中国共产党江苏省组织史资料(1922.春—1987.10)》,南京出版社 1993 年版。

5. 中共江苏省委党史工作办公室著:《中国共产党江苏历史第一卷(1921—1949)》,中共党史出版社 2021 年版。

6. 中共江苏省委党史工作办公室编:《江苏省革命遗址通览》,中共党史出版社 2014 年版。

7. 刘瑞龙:《回忆红十四军》,江苏人民出版社 1981 年版。

8. 中共江苏省南通市委组织部、中共江苏省南通市委党史工作委员会、江苏省南通市档案馆:《中国共产党江苏省南通市组织史资料（1926—1987）》，中共党史出版社 1991 年版。

9. 中共如皋市委党史办公室、如皋市民政局编：《如皋英烈》，新华出版社 1997 年版。

10. 中国工农红军第十四军纪念馆、龙华烈士纪念馆馆藏资料。

PENG YANGENG

彭砚耕画传

他有鹤鸣九皋的志向，文采出众，从志学少年到而立中年，辗转于沪湘两地，不避艰险，竭尽全力为党工作。他是彭砚耕，壮志未酬身先死，英名长存史册中。

（一）青年求学　参与举办工人夜校

彭砚耕，原名彭泽渥，字降衷，号丞然，或研新，被捕后化名刘后春。另有一说：彭砚耕，原名彭俨生（一说新），字泽亮，号砚根，曾用名彭亮。1896年农历三月二十七日出生于湖南平江

彭砚耕故居

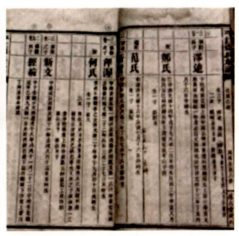

《平江彭氏族谱》中记载，彭砚耕原名彭泽渥，与同乡何笑贞结婚，婚后育有一子三女，分别是长子彭新文、长女彭雅仙、次女彭群仙、三女彭捣仙

县梅仙乡石岭村。父亲彭讯清，系清末秀才，家境殷实。彭砚耕兄弟三人，他排行第二，从小受到良好的家庭教育熏陶。

20 世纪 10 年代，彭砚耕考入湖南省立第一师范学校，与毛泽东成为校友，他们曾一起举办工人夜校，交谊甚笃。

湖南省立第一师范学校附近是长沙市工商业集中的地区，聚集着大量贫苦工人，他们绝大多数是文盲和半文盲。1916 年 12 月，湖南第一师范创办了一所工人夜校，由师范和高小两部的教职员授课。但是，由于夜校的课程设计脱离工人的生活实际，学生人数从最初的六七十人不断减少，教学效果不甚理想。

1917 年下学期，第一师范学友会换届，毛泽东被推举为学友会总务兼教育研究部部长，他认为要把工人团结起来，学知识、学文化，社会才能改造好。于是，毛泽东组织号召一些同学当教员，继续办工人夜校，其中就有彭砚耕。

随后，毛泽东带头起草了一份招生广告，用通俗易懂且具有真挚、深厚感情的白话文，说出了工人的心里话。同学们带着招生广告深入工人宿舍和车间，耐心解释广告的内容。工人夜校的报名人数很快超过一百人。1917 年 11 月 9 日晚，工人夜校的教室里，灯光明亮，来自第一师范附近的铁路、造币厂、电灯公司

《工人夜校招学广告》："列位工人来听我们说句白话：列位最不便益的是什么，大家晓得么？就是俗语说的：讲了写不得，写了认不得，有数算不得……"

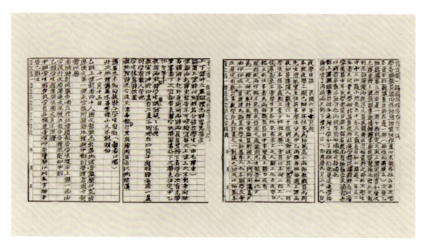

工人夜校上课说明书

的工人以及人力车夫、蔬菜小贩等穷苦的人们，在这里迈开了学习文化的第一步。

在夜校，彭砚耕主要讲授国文课。他用通俗易懂的语言教工人们识字、读书，交流思想。为了让工人肯学、学好，彭砚耕经常利用课余时间，与工人谈心，认真听取他们的意见和想法，然后结合实际，用心研究，不断改进教学方法。

在工人夜校，彭砚耕对中国工人的真实情况有了进一步的认识，与这一群体建立了深厚、真挚的情感，更取得了组织工人的宝贵经验。这虽然只是一个小小的夜校班，但它播下了改造旧社会的革命火种。

（二）辗转沪湘　不计功名投身革命

1919 年，彭砚耕考入湖南法政专门学校，毕业后到城步县法院担任承审员。

1922 年 3 月，彭砚耕调任平江县教育局督学，负责督察各学校教育法令和教学计划的实行情况、教育经费实况、学校学风、教职员工作状况等。不久，彭砚耕便离职前往中国共产党的诞生地——上海，就读于沪江大学。1922 年 6 月，彭砚耕在上海加入中国共产党。

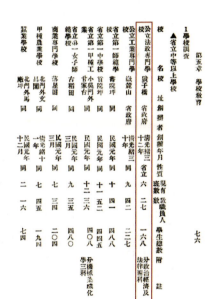

1925 年吴晦华编《长沙一览》中记载了湖南法政专门学校的有关情况

校名	地址	創辦者	創辦年月	性質	現有教職員人數	學生總數	附註
公立法政專門學校	韭子橋	省政府	清光緒三十二年	省立	二七	一六八	分政治經濟及法律兩科
公立工業專門學校	嶽麓山	省政府	十年	九	四一	二三七	
省立第一師範學校	書院坪		民國元年	十	四八八		
省立第一中學校	貢院坪		民國元年	十一	五二八		分機械染織化學三科
省立第一甲種工業	小吳門外		民國元年	十二	三六	四〇八	
省立第一女子師範	甘家台		民國元年	九	三五	四八〇	
範學校	右稻田		三月	七	三四	二〇四	
商業專門學校	蕁星田		三月	七	三	一九四	
甲種農業學校	北門外		一清宣統元年	四	五		
猛美學校	廬坪		十二元年	二	一六	七四	

第五章　學校教育

1 學校調查

▲省立中等以上學校

七六

沪江大学旧照。沪江大学创建于1906年，校址位于杨浦区，今上海理工大学的前身

1925年，五卅运动爆发。在中国共产党的领导下，斗争从上海扩展到全国。彭砚耕怀着满腔热情投身于革命的洪流，他遵照党的部署，积极参加反帝爱国运动。在斗争实践中，彭砚耕对帝国主义、反动军阀的本性，对中国人民团结的力量有了进一步的认识。

1925年冬，彭砚耕受党的派遣，从上海回到家乡开展革命活动。在此期间，他培养秦利卿、陈楚斌等进步青年入党。1926年，北伐战争打响。当年7月，彭砚耕在平江梅仙地区秘密组织农民协会，建立了梅仙地区第一个党小组。

北伐战争中，湖南是反动军阀围攻广东革命根据地的前哨阵地，也是广东革命政府北伐的军事要冲，战略位置十分重要。为

北伐军在两湖地区

了配合部队进攻，中共湖南各级党组织发动工农群众参加带路、送信、侦察、运输等工作。

　　一次，反动军阀吴佩孚部一个团路过梅仙，彭砚耕带领农民群众"热情"迎接，他们将慢性毒物放入饮食中，使这个团在途中腹痛肚泻者达数百人。对于小股散兵，他就带领农民用锄头、扁担、柴刀进行袭击，夺取枪支。要是碰到抢夺民众财物的散兵，更不轻饶。有一次，四个兵士抢了农民的一头大牯牛，准备宰杀。彭砚耕得知后，立即带领农会会员，狠狠教训了这四个散兵，把牛送还失主。失主对此感激不尽，赞叹农会是替农民办实

事的。

北伐军胜利进驻湖南，进一步推动了湖南农民运动的发展，中共湖南省委的工作也愈加繁重，彭砚耕被调往中共湖南省委从事秘书工作。在湖南省委和各级党组织的努力下，至1927年5月，湖南全省农民协会会员迅速发展到六百万人。

1927年4月12日，蒋介石突然在上海发动反革命政变，继而在江、浙、皖、闽、粤等省，国民党反动派相继以"清党"为名大规模捕杀共产党员和革命群众。四一二反革命政变发生半个月后，中共中央召开了第五次全国代表大会。但是，中共五大忽略了当时最紧迫的问题——组织和发展党直接领导的革命军队。武汉国民政府控制的地区——湖北、湖南、江西的危机越来越严重。

1927 年 5 月 21 日晚，国民党反动军官何键、许克祥在长沙发动马日事变，袭击了湖南省总工会等革命机关、团体，并解除工人纠察队和农民自卫军武装，用极其野蛮的办法，疯狂屠杀共产党人和革命群众。在湖南衡阳、醴陵、武冈、益阳、湘阴、桃源、永州、浏阳、临湘、安乡、辰州、叙浦等地均发生屠杀事件，各革命团体悉被反动派捣毁。至 6 月 10 日左右，在湖南的二三十个县中，被地主武装"清乡队""团防队"屠杀的农民有一万余人。

为挽救革命，中共湖北省委和湖南省委都提出武装农民"上山"的主张，但都被中共中央否定。7 月 15 日，汪精卫在武汉召

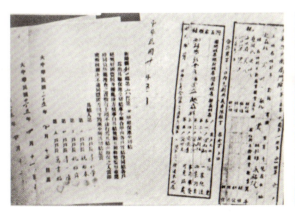 

马日事变后，国民党反动派在湖南农村组织"挨户团"和"铲共义勇队"。图为 1930 年湖南南县《挨户团局门牌》和《五家联保》名册

国民党反动派关押共产党人和进步人士的平江县监狱

开国民党中央常务委员会扩大会议。在极端危险的情况下，由张国焘、李维汉、周恩来、李立三、张太雷组成的中央临时政治局常务委员会，毅然决定将党所掌握和影响的部队向南昌集中，准备发动武装起义，同时组织湘、鄂、赣、粤四省农民发动秋收起义。彭砚耕曾随党组织转移到江西，坚持斗争。后迫于敌人的搜捕，他秘密潜回平江老家隐蔽。

1927 年秋，彭砚耕的一位挚友来访，曾劝他为父母妻儿计，不要再铤而走险。彭砚耕听出朋友言外之意，但是婉言拒绝，说自己为革命意志坚定，虽万死不移，并请求这位挚友日后照顾好他家中的老小。他在给挚友的赠别诗及答友诗中表明志向：

悠悠世事总难明，暴雨急风忍送君。
记住婵娟千里月，九皋仁听鹤声鸣。

漫道世事未可明，须知炮响豫章城。
此生但效英雄在，不计功利不计名。

（三）但效英雄　献身美满春光

1927 年秋，彭砚耕受党的派遣，乔装成商人，身着长衫头戴礼帽，手提小皮箱，只身转道武汉，乘船来到上海。他被安排在上海地下交通站，从事通讯联络工作。

1928 年至 1930 年，彭砚耕调任中共中央组织部干事。当时中央组织部全部工作人员不到十人，机关设在成都北路爱文义路（今北京西路）小菜场旁的里弄内，这里既是机关，又是宿舍，同志们假借房东、房客的关系在此居住。此外，组织部另在尚贤坊（今淮海中路 358 弄）设联络处，由彭砚耕负责相关工作。

大革命失败后，全国各地的党组织都处于恢复、重建阶段，这个时期组织部所担负的任务异常艰巨。彭砚耕等人几乎每天都要同各省、各地区到中央汇报工作的负责同志接谈，转达领导同志意见或是传达中央的指示和决定。同时，还要在警探密布的情况下，到各处接应大革命失败后来自全国各地失去组织联系、到

林育南（1898—1931），1921年加入中国共产党，"龙华二十四烈士"之一

上海来找党的一批又一批的同志，协助审查，解决他们的组织关系和工作分配等问题。彭砚耕于复杂的环境里出色地完成了各项任务。

1930年初，全国各革命根据地纷纷建立了苏维埃政权，中共中央决定召开一次全国苏维埃区域代表大会（以下简称苏代会），并为此成立筹备委员会，负责草拟各项法令和政策。3月，全国总工会代理秘书长林育南调任苏代会筹委会秘书长。

林育南与张文秋①化装成"侨商"和"太太张一萍"，他们两人先寻找房子建立机关，选中了爱文义路和卡德路（今石门二路）路口两栋相连的三层楼房（今北京西路690—696号）。楼房的前院有围墙、大铁门、传达室，进门后是一片树木花草，正好遮掩了小楼，另有后门和通道。整个大院两面临街，是一个闹中取静且便于转移的理想地点。

因为彭砚耕工作能力强，办事精细，所以林育南特意将彭砚耕从组织部调来作自己的助手（秘书）。彭砚耕化名为张少堂，对外与张文秋以兄妹相称。

彭砚耕的第一项任务是与张文秋一同按照华侨富商的身份布

---

① 张文秋（1903—2002），湖北京山人。1926年加入中国共产党。1929年在中共山东省委工作期间被捕，1930年1月经组织营救出狱。后往上海，担任全国苏维埃准备委员会办公厅副主任。

今上海市北京西路 690—696 号

置房子。为了避免引起怀疑，两人约定以嫁姑娘为名采购，先后在新新、先施、永安等公司和其他商店采买了大批日用品和装饰品，把两栋房子的里里外外，布置得俨然是南洋大资本家的豪华住宅。另外，根据林育南指示，两人买了几桶煤油和几斤棉花，分别藏在两栋楼的小房间里，为将来开会遇到紧急情况时，放火烧楼，转移代表做准备。

随后，彭砚耕先后从中央招待处引来 30 多名工作人员。

1930 年 4 月底，工作人员陆续到齐。5 月初，林育南主持召开工作会，分配工作任务。彭砚耕对内负责工作人员的管理，对外负责接待代表、审查代表资格，照顾代表们的衣食住行，保证代表的往返安全。

1930 年 5 月 20 日，全国苏维埃区域代表大会秘密召开。大会由中共中央和中华全国总工会执委会联合主持，各苏维埃区域、各地红军和游击队代表，各产业中心城市赤色工会和革命团体代表共 50 余人参加。参加会议人数之多、代表面之广以及级别、规格之高，在当时是极为不易的。

为了防止敌人跟踪，确保代表和会议的安全，会场附近设立了三个招待所。每一位到达上海的代表，都必须先住到招待所，进行严格的代表资历审查。审查合格的代表，经过必要的化装后，由外交秘书用专车接到大会会址，到会场后也要严格遵守纪律。

为了掩护这次会议，林育南、张文秋以"侨商老板"及其"太太"的身份，对外宣称要为"老太爷"过八十大寿，彭砚耕、张文秋等布置了一个寿堂，寿堂中间挂着一个金色大"寿"字，两边挂着对联：福如东海长流水，寿比南山不老松。"寿"字下面摆设一张铺着大红绒毯的供桌，陈列寿桃、寿面、佛手等祝寿品。为了更具真实性，他们特意请来一位同志的父亲，把他装扮为"老太爷",等候在隔壁的房间里,随时可以进寿堂,接受人们的祝贺或叩拜。全体与会人员和工作人员,都统一了口径,不论发生什么情况,都要一口咬定是来祝贺"老太爷八秩寿辰"的。

会议先由各区代表发言,再进行分组讨论。会议讨论了建立中国苏维埃政府、红军的组织和苏区建设等问题,通过《全国苏维埃区域代表大会宣言》《目前革命形势与苏维埃区域的政治任务》《暂行土地法》等文件。这些文件,大多由林育南与彭砚耕、李平心、罗元珊等人,根据中央的指示草拟初稿,打印后分发给各小组,由代表们逐一讨论研究,并提出修改和补充意见。彭砚耕等工作人员归纳代表们的意见修改后,再报中央审定通过,形成由中华苏维埃中央政府正式颁布的文件或法令。

会议于 5 月 24 日圆满结束。彭砚耕在安全送走所有代表后,十分兴奋地提笔写了两首诗。其中一首是列席代表会议的感想:

厅室辉煌映壁红,朱颜白发尽英雄。

自惭驽劣书斋子,也以微劳献此中。

另一首是写他当时的心情:

三十年华闪电过，平生事业半蹉跎。

胸怀不喜消沉感，美满春光此日多。

　　会议结束后，彭砚耕、张文秋调到由周恩来直接领导的军委联络处工作，两人对外仍以兄妹相称。彭砚耕每天到六个不同的收信地点，收取各个苏区的来信交到联络处，再由张文秋负责整理抄写并保管，最后由周恩来审阅批示。

　　在上海从事革命工作期间，彭砚耕不忘家乡的贫苦百姓。1930年5月，家里收到他托凌东林（曾与彭砚耕在中共湖南省委共事）捎回的一封长达三千字的家信，信中他向父母分析当时的革命形势，劝家人要周济贫苦农民，婚丧事务必从俭等。他的父亲彭讯清接信后，体谅儿子的心意，曾捐献稻谷300担，周济贫困，又捐赠78石租的义田给县育婴堂。

　　1931年1月17日，彭砚耕在上海东方旅社31号房间和林育南等人一同被捕。彭砚耕被捕后化名刘后春，带着功业未就的遗憾走向刑场，牺牲时年35岁。

彭砚耕大事年表

1896 年 5 月　出生于湖南平江县。

1919 年前　就读于湖南省第一师范学校，参与举办工人夜校。

1919 年　考入湖南法政专门学校，毕业后任城步县法院承审员。

1922 年 3 月　任平江县教育局督学。

1922 年　就读于上海沪江大学。

1922 年 6 月　加入中国共产党。

1925 年　参加五卅运动，冬季回家乡开展革命活动。

1926 年 7 月　在平江县梅仙地区组织农民协会，成立中共梅仙乡第一个党小组。

1928 年　任中共中央组织部干事。

1930 年 5 月　任全国苏维埃区域代表大会筹备委员会秘书。

1931 年 1 月　在东方旅社被捕。

1931 年 2 月　在龙华国民党淞沪警备司令部刑场就义。

主要参考文献

1. 中共上海市委党史研究室、上海市民政局合编:《上海英烈传》(第七卷),上海翻译出版公司 1991 年版。

2. 湖南省革命烈士传编纂委员会编:《三湘英烈传(第 8 卷)》,湖南人民出版社 1991 年版。

3. 中共湖南平江县委党史办公室编:《平江人民革命史》,国防大学出版社 1987 年版。

4. 中共一大会址纪念馆编:《中共一大代表早期文稿选编(1917.11—1923.7 上册)》,上海人民出版社 2011 年版。

5. 沈以行等主编:《上海工人运动史(上卷)》,辽宁人民出版社 1991 年版。

6. 湖南省平江县教育委员会编:《平江县教育志》,平江县志办地方志丛书编辑部统编 1989 年版。

7. 张文秋:《踏遍青山——毛泽东的亲家张文秋回忆录》,广东教育出版社 1993 年版。

8. 袁继成编:《武汉国民政府史》,湖北人民出版社 2018 年版。

9.《上海大学(1922—1927)师生回忆录》编委会编:《上海

大学（1922—1927）师生回忆录》，上海大学出版社 2021 年版。

10. 湖南省政协文史学习委员会、湖南省档案馆编：《湖南百年老照片》，中国文史出版社 2007 年版。

11. 中共上海市委党史研究室编：《上海党史知识读本》，上海人民出版社 2021 年版。

12. 龙华烈士纪念馆编：《英烈与纪念馆研究（第 19 辑）——纪念"龙华二十四烈士"殉难 90 周年专辑》，上海教育出版社 2021 年版。

13. 湖南社会科学研究所现代史研究室编：《马日事变》，湖南人民出版社 1979 年版。

14. 惜珍：《花园洋房的下午茶：上海的保护建筑》，东方出版中心 2010 年版。

15. 湖北省社会科学院组编：《回忆陈潭秋》，华中工学院出版社 1981 年版。

16. 中共中央党史研究室第一研究部编：《中国共产党第一至第六次全国代表大会代表名录（增订本）》，中共党史出版社 2014 年版。

17. 中共上海市委党史研究、龙华烈士纪念馆编，严亚南、李良明著：《林育南画传》，上海人民出版社 2021 年版。

LIU ZHENG

刘争画传

在充满艰险的革命征程中，有许多青年满怀理想，为争取民族解放，义无反顾、走南闯北。他们放弃了舒适的生活，告别了亲人和故乡，为了理想而冲锋陷阵。刘争就是这样一位青年。

（一）投笔从戎

刘争，字移觉，化名王和鼎。1900 年 8 月 14 日生于湖南省南县。幼年读过私塾，后毕业于南县乡村师范学校。

20 世纪初，全国兴起赴法勤工俭学热潮，一批又一批有志青年远赴法国，学习新知识、新思想。1919 年，怀揣着梦想的刘争

刘争

进入长辛店留法勤工俭学预备班学习。

　　长辛店留法勤工俭学预备班正式名称为高等法文专修馆长辛店分馆工业科，"以养成法文工业技师为宗旨"，招收中等工业学校及师范学校毕业或肄业3年以上具有同等学力者。该预备班附设在长辛店铁路工厂，学生大部分来自湖南，实行半工半读，一边学习法语，一边参加劳动，预备班学生毕业后获得证书可介绍至法国工厂做工。学习期间，刘争因家庭突生变故，不得不中途辍学，离开北京回家教书，曾任得胜乡国民第十一小学校长和华容县花笼窖小学教员。

长辛店留法勤工俭学
预备班旧址今貌

1924 年，第一次国共合作时期，中国共产党湘区委员会的陈琳、欧阳笛渔到南县秘密发展组织，发动和领导工农革命斗争。他们以教书作掩护结识当地进步教师、学生。1925 年春，中共南（县）华（容）小组建立，陈琳任组长。

中共南华小组成立后，注重培养革命积极分子，广泛联络同志，发展革命组织，推动了南县革命形势的发展。1925 年，上海五卅惨案发生后，全国出现了声势浩大的反帝爱国运动高潮。湖南的革命运动深入广大农村，湘江流域、洞庭湖滨各县都建立了反帝组织"雪耻会"，有些地方还建立了秘密农会，包括南县在内的二十九个县建立了地方党组织。在此期间，刘争结识了陈琳，深受革命影响，不久加入共青团；同年 7 月，刘争被任命为南华团特别支部代书记。

经历过多次军事斗争的挫折和失败后，孙中山接受共产国际代表的建议——创办一所培养军事人才的学校。他勘定黄埔长洲岛做校址，任命蒋介石为军校校长。为协助孙中山办好军校，中共派遣周恩来任军校政治部主任，共产党人恽代英、叶剑英、聂荣臻、萧楚女等协助工作，并多次指示各地党组织选送优秀党团员和进步青年到黄埔军校学习。1925 年秋，刘争受组织委派前往广州，投考黄埔军校；1926 年，刘争入黄埔军校第四期步科 2 团 4 连学习。黄埔军校的中国共产党组织由广东区委军委领导，军

黄埔军校旧照

黄埔军校第四期步兵科通讯录

黄埔军校的部分政治教材

黄埔军校步兵科学生实弹射击训练

1926年，黄埔军校第四期学生分赴北伐前线

北伐军总政治部人员在岳阳楼前留影

委成员主要有陈延年、周恩来、恽代英等人。

　　1926年7月，刘争参加北伐战争，随部队进驻湖南。同年10月，刘争受党组织派遣，往华容县负责农民自卫军训练和军事辅导工作。

（二）千里转战

　　1927年3月，湖南省农民协会颁布了《湖南农民自卫军组织大纲》。根据大纲中的要求，中共华容县委以团防武装、农民义勇队为基础，成立了华容县农民自卫军，由何长工任总指挥。通过搜集散匪游勇的武器装备等方式，农民自卫军逐渐拥有800多支枪。当时规定，凡来送枪者，每支枪付银洋20元，回家的还

何长工（1900—1987），湖南华容人。1922年加入中国共产党。1919年赴法勤工俭学，1924年回国，在家乡华容县从事党的工作。曾任政协全国委员会副主席

发给路费，所以前来送枪的人很多。

华容县各区乡逐级成立了农民自卫大队、中队和小队，每个队员都配有梭镖一把，每天早晚进行军事训练各一小时。据统计，当时全县农协会会员人数有 10 万以上，农民自卫军队员人数在 2 万以上。每逢县、区开大会，梭镖林立，红旗如海，吓得土豪劣绅胆战心惊。

为了提高农民自卫军的军事素质，县里举办了军事训练班，由各乡选派一名学员，到县城学习军事知识。在何长工、刘争等人的领导下，华容农民自卫军在支援北伐、肃清散匪游勇、保卫社会治安等方面作出贡献，刘争为巩固和发展该县的农民武装队伍发挥了积极作用。

1927 年，国民党反动派发动反革命政变，刘争被通缉，无奈只能背井离乡，几经周折辗转到达上海。机缘巧合下，刘争结识了来自华容县的共产党员朱婴，遂与朱婴一道在华德路小学秘密从事革命活动。1930 年春，刘争在该校加入中国共产党。1930 年 9 月下旬，中共虹口区委成立时，已有华德（路）小学党支部。

1930 年 5 月，全国苏维埃区域代表大会和全国红军代表会议在上海召开。何长工以鄂东南地区代表和红五军代表的身份参加会议。会后，刘争随何长工前往江西，在中央革命根据地参加红军游击战斗，担任某连指导员。6月，根据中共中央的指示，在红五军军委扩大会议上，何长工传达了中央会议精神，会议决定立即成立红八军和红三军团。红三军团成立后，再一次解放了大冶城并相继攻下黄石港、石灰窑、鄂城、金牛、何安等大的城镇，筹得了大批军饷和装备，部队进一步得到发展。红三军团在通山县召开前委会议，决定攻打岳阳。在部队攻打岳阳期间，刘争离职赴洪湖苏区，因组织手续不健全，刘争没能与洪湖的党组织取得联系。8月底，刘争返回上海，继续在华德路小学以教书作掩护，从事地下革命活动，曾常去沪东下海庙一带张贴革命标语。

下海庙（今虹口区昆明路73号）位于虹口区商业闹市提篮桥地区

1931年1月17日，上海多处党组织机关遭到破坏。敌人继搜捕东方旅社和中山旅社后，又于深夜到华德路小学进行搜捕，当场捕去3人，并留人守候。刘争外出返校，亦遭逮捕。当年在华德路小学和刘争一起工作的朱婴证明："被捕后他们没有供出过任何同志和机关，因为刘争是晓得我和华德路小学校长住址的。"（朱婴和华德路小学校长陈新耕当时都是共产党员）这说明刘争直到牺牲，对于革命都是忠心不二的。

刘争大事年表

1900 年 8 月　出生于湖南南县。

1919 年　进入长辛店留法勤工俭学预备班学习。

1926 年　考入黄埔军校，后参加北伐。

1926 年 10 月　调派华容县，负责农民自卫军训练和军事辅导工作。

1927 年　在上海沪东华德路小学工作。

1930 年　加入中国共产党。

1930 年 5 月　在中央革命根据地担任某连指导员。

1930 年 8 月　返回上海，后任中共华德路小学支部委员。

1931 年 1 月　在华德路小学被捕。

1931 年 2 月　在龙华国民党淞沪警备司令部刑场就义。

主要参考文献

1. 中共上海市委党史研究室、上海市民政局合编:《上海英烈传》(第七卷),上海翻译出版公司 1991 年版。

2. 中共湖南省委党史研究院编:《中国共产党湖南历史(第 1 卷 1921—1949)》,中共党史出版社 2021 年版。

3. 中共中央党史研究室第一研究部编:《中国共产党第七次全国代表大会代表名录》,上海人民出版社 2005 年版。

4.《中国共产党华容历史》编纂委员会编:《中国共产党华容历史》(第 1 卷),中央文献出版社 2006 年版。

5. 王明辉、姚宗强主编,上海市虹口区志编纂委员会编:《虹口区志》,上海社会科学院出版社 1999 年版。

6. 湖南省档案馆编:《黄埔军校同学录》,湖南人民出版社 2014 年版。

7. 张洪祥、王永祥:《留法勤工俭学运动简史》,黑龙江人民出版社 1982 年版。

8.《何长工传》编写组编:《何长工传》,中央文献出版社 2000 年版。

9. 黄仲芳：《井冈山斗争时期人物传（上卷）》，中央文献出版社 2009 年版。

10. 南县志编委会：《南县志》，湖南人民出版社 1988 年版。

11. 杨胜群、李良主编，中共北京市委党史研究室、北京市地方志编纂委员会办公室著：《红楼旧址群》，北京人民出版社 2021 年版。

12. 中共广州市委党史文献研究室：《英雄广州　百年峥嵘》，华南理工大学出版社 2022 年版。

13. 中共中央党史研究室第一研究部编：《中国共产党第七次全国代表大会代表名录》，中共党史出版社 2004 年版。

贺治平画传

HE ZHIPING

贺治平（？—1931），一名贺林隶、贺林棣，江西人，中共党员。据被捕时登记材料显示，1931年（阴历春节前夕）时25岁，推算他的出生年份约为1906年。

有老同志回忆，贺治平在华德路小学任教，曾任中共华德路小学支部委员。1950年5月31日，上海市长陈毅收到一封署名"孙一允"的来信。她回忆了一名革命烈士刘贞的一些情况，其中提到了一位名叫贺林棣的同志：

> 九重阳的那天，刘亲自到我学校来接我到他那儿去玩，一路跟他到东熙华德路华德坊的华德小学内，里面有好几位男女朋友，经刘一一介绍。他说本校校长陈新耕、朱英（避安）、熊正中、贺林棣他们都是我同乡……刘贞、朱英、我三人往下海庙一路的冷落的马路上墙角落等，刘、朱他俩嘱我离开他俩三四尺的地方看好，"有人的话，你一人一面咳嗽一面自顾自走好了"。……年卅夜返家，明年末一月的初四，接着朱英的信，说：刘、贺、何、傅等都不幸牺牲了……①

---

① 根据孙一允信原文整理，信中所说的地点应该是华德路，而不是东熙华德路。许多老同志回忆的华德路小学，在敌档资料中记录为"沪新小学（华德坊七十五号）"。

根据敌上海特区法院的审讯记录中化名"王和鼎"和"贺治平"两人的情况，与信中所说的刘贞、贺林棣基本一致，刘贞的真实姓名为刘争。

华德路小学，是党的一处秘密机关。在张庆孚《我的革命生涯》中讲道："1928年8月我经陈章甫介绍到吴克坚在上海创办的华德小学的夜校教书，这个学校是准备中央开会用的地方。但不久在1929年初我又离开华德小学，由李亚非（农）介绍到群治大学教书……"

1930年9月下旬，中共虹口区委组建的时候，华德（路）小学支部是十个党支部之一，成员中有一部分人是从苏联回来的，有二三十人。1931年1月17日，沪东区巡视员李初梨和沪东区委委员张琴秋一起去华德路小学召开支部大会，会上关于六届四中全会的决议发生了激烈的争论。李初梨和张琴秋离开后，华德路小学支部继续开会到深夜时，遭到巡捕搜查，贺治平等共三人同时被捕（另外两人后被释放）。

主要参考文献

1. 中共中央党史研究室、中央档案馆编：《中共党史资料（第73辑）》，中共党史出版社2000年版。

2. 王明辉、姚宗强主编，上海市虹口区志编纂委员会编：《虹口区志》，上海社会科学出版社1999年版。

3. 龙华烈士纪念馆藏档案。

李云卿画传

LI YUNQING

关于李云卿的资料，目前十分有限，仅能根据当年捕房记录略知一二。1931年1月17日下午1点40分左右，在汉口路东方旅社31号房间同时被捕的有8人，分别化名李云卿、赵少雄、李小堂、徐英、蒋文翰、冯梅岭、刘后春、苏铁。他们先是被拘禁于老闸捕房，后于1月19日上午在国民党高等法院第二分院接受审讯。李云卿自称年20岁，江西南昌人，1929年到上海读

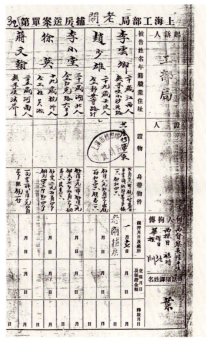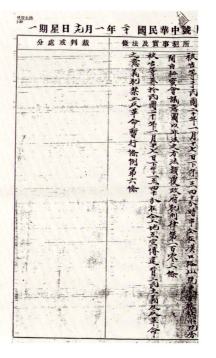

李云卿等人的工部局老闸捕房送案单

书，居住在小沙渡路一带。东方旅社 31 号房间是他开的，被捕人中认识李小堂和苏铁。

当时被捕人员均使用化名，李小堂即林育南。

后 记

　　本书共包含九篇11位烈士的传记，初稿分别由吴晓丽、潘晨、王雅、殷悦完成。其中，吴晓丽编撰《王青士画传》《李云卿画传》，潘晨编撰《伍仲文　蔡博真画传》，王雅编撰《段楠画传》《彭砚耕画传》《刘争画传》，殷悦编撰《费达夫画传》《汤仕佺　汤仕伦画传》《贺治平画传》。四位作者在前期搜寻了大量的资料，通过细致的笔触，在书中尽力呈现了各位英烈人物的详细生平事迹及其背景。初稿由鲍晓琼整理统编，丁恣然为进一步核对文本提供了协助。本书中的各位传主出生于清末民初，同时牺牲于1931年2月7日，革命经历难免有重复的部分。同时，由于年代久远，他们在参加革命活动时又大多使用化名，在若干历史事件中的具体活动不甚清晰。鲍晓琼在统编过程中，以编前记的形式交代烈士牺牲的背景和过程，将单独篇章中相关内容删去，以避免前后文相同内容的多次重复，如果是烈士个人在狱中的故事则予以保留；对无法查清传主具体活动的重大历史事件，如五卅运动等的背景性叙述进行了删减。全书的编排顺序参照龙华烈士纪念馆基本陈列展览的顺序。

值得提出的是，本次编撰中对若干历史事实有新的发现和纠正，离不开作者们前期扎实的史料收集整理工作。成书过程中，作者们走访或者电话联系了烈士家属、当地史学专家和相关的场所，包括中国工农红军第十四军纪念馆、如皋市红十军研究会、上海市市东实验学校等，得到了热情的支持。本书从收集史料到完成统编历时 8 个多月，数易其稿。作者们都是年轻的研究人员，限于知识储备和写作水平，书中仍有许多不足之处。许多细节资料缺失，是本书最大的遗憾。

全书统编之后，由信洪林老师进行了两次细致审读，在历史逻辑分析、语言文字措辞等方面给出了许多具体指导意见；徐国梁老师对书中的用词进行了进一步的完善。为本书的写作和出版提供过帮助的烈士家属、专家学者和工作人员众多，谨在此一并致以真诚的感谢。

本书编写组
2024 年 9 月

图书在版编目(CIP)数据

龙华二十四烈士画传补编 / 中共上海市委党史研究
室，龙华烈士纪念馆编 ；本书编写组著. -- 上海 ：上
海人民出版社，2025. -- ISBN 978-7-208-19305-5

Ⅰ. K820.851-64

中国国家版本馆 CIP 数据核字第 20249Y1P63 号

责任编辑　吕桂萍
封面设计　周伟伟

龙华二十四烈士画传补编
中共上海市委党史研究室　编
龙 华 烈 士 纪 念 馆 　 编
本书编写组　著

出　　版　上海人民出版社
　　　　　（201101　上海市闵行区号景路 159 弄 C 座）
发　　行　上海人民出版社发行中心
印　　刷　上海中华印刷有限公司
开　　本　720×1000　1/16
印　　张　12
字　　数　100,000
版　　次　2025 年 1 月第 1 版
印　　次　2025 年 1 月第 1 次印刷
ISBN 978 - 7 - 208 - 19305 - 5/K · 3448
定　　价　78.00 元